JN279099

建築学入門シリーズ

鉄筋コンクリート構造

◆林 靜雄・清水昭之／著

森北出版

建築学入門シリーズ監修委員会

- ■委員長　谷口汎邦（東京工業大学名誉教授・工学博士）
- ■委　員　平野道勝（東京理科大学名誉教授・工学博士）
  - 乾　正雄（東京工業大学名誉教授・工学博士）
  - 若色峰郎（（元）日本大学教授・工学博士）
  - 柏原士郎（大阪大学名誉教授・工学博士）
  - 関口克明（（元）日本大学教授・工学博士）

構造・材料専門委員会

- ■主　査　平野道勝（東京理科大学名誉教授・工学博士）
- ■委　員　寺本隆幸（東京理科大学名誉教授・工学博士）
  - 和田　章（東京工業大学名誉教授・工学博士）
  - 桑原文夫（日本工業大学名誉教授・工学博士）
  - 林　靜雄（東京工業大学名誉教授・工学博士）
  - 穂積秀雄（新潟工科大学名誉教授・工学博士）

（2017 年 12 月現在）

本書のサポート情報などを当社 Web サイトに掲載する場合があります．下記の URL にアクセスしご確認下さい．
https://www.morikita.co.jp/support

■本書の無断複写は著作権法上での例外を除き禁じられています．複写される場合は，そのつど事前に（一社）出版者著作権管理機構（電話 03-5244-5088，FAX 03-5244-5089，e-mail: info@jcopy.or.jp）の許諾を得てください．

シリーズ刊行の序

　200万年を越える人類進化の過程で人間と建築の関係は多様な歴史を経ている．地球環境の連続的な変化と集団生態としての人類の英知は地球上の各地域において独自の生活を開拓し，建築・都市の世界文化遺産を残した．

　しかし，地球上のどの地域にも人間が住む環境をつくることができるようになったのは，産業革命後のたかだか過去200年余りのことである．その後20世紀の科学技術の急速な進歩は，地球環境の複雑で精緻なシステムに介入しはじめ，地球環境問題や資源・エネルギー問題を生じさせた．またこの100年の間世界人口が16億から62億へと爆発的に増加するなど，建築をとりまく自然環境・社会環境の不連続ともいえる変化が進行している．このような状況に対応することも21世紀の建築・都市の新しい課題であろう．20世紀のわが国近代化の歩みの中で育まれた独自の建築学・建築技術そして芸術の総合としての建築が国際的にも高い評価を得ている現在，グローバル社会の動向を踏まえながらも，国土固有の環境を再確認し，持続可能な環境文化として建築・都市・地域を発展させることが期待される．建築学の専門分野としては，

　（1）建築歴史・意匠　　　（2）建築計画・都市計画
　（3）建築構造・建築材料　（4）建築環境・設備

があり，これらを踏まえて建築設計と建築技術・生産活動が展開する．

　本シリーズは，はじめて建築の学習を志す方々のために編集されたもので高等専門学校，大学・短大とこれに準ずる学校を主たる対象として建築をつくる目標に向けて，その基礎基本の考え方と知識の育成に供し，さらに建築設計という総合化プロセスに求められる思考と能力の習熟に資することを目標にしている．現在，建築に関する国家資格の種類も数多くあるが，例えば建築士試験には4学科目と建築設計製図がある．これらを目標とするときにも本シリーズは学習を支援できると考えている．

監修委員会

構造・材料専門委員会　序文

　建築という言葉には広い意味があるが，建物を意味していると受取る人が多いことと思う．建物の形を作り出し，それを支えているものが建築構造である．私たち人類は，はるか昔から建物を造ってきたが，古くは，建物は伝承された経験と知恵によるわざで建てられてきた．そして，数々の願いとあきらめ，成功と失敗が繰り返されてきた．しかし，時代と共に建物に対する要求は高度化し，より大きく，より安定し，より過酷な環境に耐えられることが求められるようになり，それに応えて科学技術としての建築構造学が創り出された．

　建物構造技術の最も基本的な課題は，建物を安全に保つこと，すなわち破壊させないことである．そのためには，二つのことがわからなければならない．その一つは，重力をはじめとして強風や大地震などの建物の安全を脅かすものの性質を知ることである．もう一つは，それらが襲ってきたときの建物の対応状況・性質の予測である．この両者を知ることで，建物に安全性を与えることができることが納得できることと思うが，一方，それを実現させることが容易でないことも推察できることと思う．したがって，建築構造の先端技術は高度な専門技術者のものであるが，基本技術は建築関係者のだれでもが身に付けなければないものであり，正しく学習すれば十分理解できるものである．本シリーズは，基本となることがらを精選し，それらを一般の建築入門者が興味を持ってやさしく学べるように工夫したものである．

　本シリーズでは，構造・材料分野として，「地盤工学」「鉄筋コンクリート構造」「建築構造の計画」「建築構造の力学Ⅰ，Ⅱ」そして「鉄骨構造」などを計画している．

　2004 年 9 月

　　　　　　　　　　　　　　　　　　　　　　　　　　構造・材料専門委員会

まえがき

　鉄筋コンクリート構造で建てられた建物は，耐震性，耐久性，耐火性に優れ，そして何よりも居住性に優れている．1950年代以降，日本では数多くの鉄筋コンクリート造建物が建てられ，最も一般的な構造形式となった．これから建築を勉強しようとしている皆さんは，鉄筋コンクリート構造を避けて通ることはできないだろう．

　鉄筋コンクリート構造は，建物ごとに手作りで建てる構造で，学校の実験や実習で皆さんが造ることさえできる．それだけに，造り方によってでき上がった建物の良し悪しが大きく左右されてしまう．正しい造り方をしないと，どんなに優れた構造であってもその性能を十分に発揮することはできない．造り方とは施工のことだけではない．柱や壁のバランスのよい配置計画など建築計画や鉄筋の量や配筋方法など構造設計も含む．よい鉄筋コンクリート造建物を建てるためには，構造設計者だけでなく，建築計画や施工など，その建物に関わるすべての人が，正しい知識を持ち十分な理解をしていなければならない．

　本書では，構造を目指す人だけでなく，建築に関わるすべての人たちが，鉄筋コンクリート構造についてこれだけは知っておいてほしいと思うことを述べている．鉄筋コンクリート構造の設計の方法だけでなく，鉄筋コンクリート構造のもっている特長と地震などの外力を受けたときの性状について説明し，鉄筋コンクリート構造の特質を設計に生かす方法について述べている．

　1章でセメントから鉄筋コンクリート構造に至る発展の歴史を振り返り，2章，3章では，コンクリートと鉄筋そのものの基本的な性質と，製造から施工までに知っておいてほしいことについて説明している．4章では，建物として必要な性能について説明し，5章以降では，建物の部位ごとに，筆者らが行った実験を中心に，鉄筋コンクリート造の部材が外力を受けたときの性状と性能について述べた後，建物が必要な性能を確保しているかどうかの検証方法と，現状の設計における考え方について説明している．例題では，部位ごとに，終

局性能の求め方と設計の方法について学ぶことができるように工夫しているので，例題を最後まで勉強すると，建物の全体の終局性能を求めることができ，設計を完結することができる．

　最初に述べたように，良質の鉄筋コンクリート造建物を建てるためには，正しい造り方をしなければならない．しかし，鉄筋コンクリート構造は手作りであるために，正しい造り方を伝えていくことはなかなか容易ではない．あまりにも一般的な構造になり，短い間に膨大な数の建物を非常に早いピッチで建設してきたために，建築に関わる方たちが，だんだん正しい造り方を忘れているように思う．本書はこれから建築を目指す初学者のために書かれたものだが，実務に関わる方たちが，コンクリートの性質と鉄筋コンクリート構造の性能について改めて理解して，良質な鉄筋コンクリート造建物を建設することのお役に立ちたいと思っている．

2004年9月

著　者

目次

第1章 はじめに

1.1 鉄筋コンクリート構造の歴史 ◇ 2
1.2 鉄筋コンクリート構造の特徴 ◇ 3
1.3 構造形式 ◇ 5
1.4 いろいろな鉄筋コンクリート構造 ◇ 7
練習問題1 ◇ 10

第2章 コンクリート

2.1 コンクリートの性能 ◇ 12
2.2 コンクリートの材料 ◇ 12
 2.2.1 セメント …………………………14
 2.2.2 骨材 ………………………………17
 2.2.3 水 …………………………………18
 2.2.4 混和材料 …………………………18
2.3 フレッシュコンクリートの性質 ◇ 19
2.4 硬化したコンクリートの性質 ◇ 23
 2.4.1 力学的性質 ………………………23
 2.4.2 耐久性に関わる性質 ……………27
 2.4.3 その他の性質 ……………………28
2.5 コンクリートの製造 ◇ 29
 2.5.1 調合 ………………………………29
 2.5.2 試験 ………………………………30
 2.5.3 レディーミクストコンクリート …31
2.6 コンクリートの施工 ◇ 31
2.7 特殊な考慮を要するコンクリート ◇ 33
 2.7.1 暑中コンクリート ………………33
 2.7.2 寒中コンクリート ………………34

2.7.3 高強度コンクリート ……………34
2.7.4 その他の特殊な配慮を要するコンクリート ……………………………35

練習問題 2 ◇ 37

第3章 補強筋

3.1 鉄筋 ◇ 40
3.2 連続繊維補強材 ◇ 42
　練習問題 3 ◇ 44

第4章 鉄筋コンクリート造建築物の構造設計

4.1 鉄筋コンクリート造建築物に必要な構造性能 ◇ 46
4.2 鉛直荷重 ◇ 47
4.3 地震荷重 ◇ 47
4.4 耐久性能（環境）◇ 49
4.5 構造設計 ◇ 51
　4.5.1 鉄筋コンクリート造建築物の構造要素 ……………………………51
　4.5.2 応力と変形の計算 ……………52
　4.5.3 部材のモデル化 ………………53
　4.5.4 構造設計における注意 ………53
　4.5.5 構造設計における本書の位置付け ……………………………………54

練習問題 4 ◇ 56

第5章 曲げモーメントを受ける梁

5.1 梁の構造 ◇ 58
5.2 曲げモーメントを受ける梁の性状 ◇ 60
5.3 初期曲げ剛性と曲げひび割れモーメント ◇ 62
　5.3.1 初期曲げ剛性 ……………………62
　5.3.2 曲げひび割れモーメント ………65

5.4 曲げ降伏モーメントと最大曲げモーメント ◇ 66
5.5 許容曲げモーメント ◇ 68
  5.5.1 許容曲げモーメント算定の意義 ……………68
  5.5.2 許容曲げモーメントの計算 ……69
  5.5.3 ヤング係数比 ……………73
5.6 T形断面梁 ◇ 76
 練習問題5 ◇ 78

第6章 曲げモーメントとせん断力を受ける梁

6.1 曲げモーメントとせん断力を受ける梁の力学的挙動 ◇ 80
6.2 せん断ひび割れ強度とせん断終局強度 ◇ 82
  6.2.1 せん断ひび割れ強度 ……………82
  6.2.2 せん断終局強度 ……………83
  6.2.3 梁のせん断破壊防止の検討 ……86
  6.2.4 梁主筋とコンクリートとの付着 ……………92

 練習問題6 ◇ 104

第7章 軸力，曲げモーメントおよびせん断力を受ける柱

7.1 柱の構造 ◇ 106
7.2 軸力と曲げモーメントを受ける柱の性状 ◇ 107
  7.2.1 軸力と曲げモーメントを受ける柱の破壊性状 ……………107
  7.2.2 初期曲げ剛性と曲げひび割れモーメント ……………108
  7.2.3 曲げ降伏モーメントと最大曲げモーメント ……………109
  7.2.4 柱の曲げモーメントに対する検討 ……………112
7.3 曲げモーメントとせん断力を受ける柱の性状 ◇ 115
  7.3.1 曲げモーメントとせん断力を受け

viii 目次

         る柱の力学的性状 ……………115
    7.3.2 せん断ひび割れ強度とせん断終局
       強度 ……………………………115
    7.3.3 柱のせん断破壊防止の検討 ……118
    7.3.4 柱主筋とコンクリートとの付着
       ……………………………………120
    7.3.5 変形性能と復元力特性 …………120
 練習問題7 ◇ 121

第8章　梁の応力を柱に伝達させる柱梁接合部

8.1　柱梁接合部の構造 ◇ 124
8.2　柱梁接合部の力学的挙動 ◇ 125 8.2.1 柱梁接合部の地震時挙動 ………125
    8.2.2 せん断ひび割れ強度 ……………128
    8.2.3 せん断終局強度 …………………129
    8.2.4 許容応力度設計 …………………130
8.3　通し主筋の付着 ◇ 133
8.4　主筋の定着 ◇ 135
 練習問題8 ◇ 139

第9章　曲げモーメントと面内せん断力を受ける耐震壁

9.1　耐震壁の構造 ◇ 142
9.2　地震時に耐震壁に作用する応力 ◇ 143
9.3　曲げモーメントとせん断力を受ける耐震壁の性状 ◇ 143
9.4　初期剛性と曲げひび割れモーメント ◇ 146
9.5　曲げ降伏モーメントと最大曲げモーメント ◇ 147
9.6　せん断ひび割れ強度とせん断終局強度 ◇ 148
    9.6.1 せん断ひび割れ強度 ……………148
    9.6.2 せん断終局強度 …………………148
9.7　耐震壁のせん断破壊防止の検討 ◇ 149
    9.7.1 無開口の耐震壁の許容せん断力 149

　　　　　　　　　　　　　　　　　9.7.2　開口付き耐震壁の許容せん断力と
　　　　　　　　　　　　　　　　　　　　開口補強 ……………………………151
9.8　耐震壁の回転 ◇ 154
9.9　耐震壁の配置 ◇ 155
　練習問題9 ◇ 156

第10章　荷重を地盤に伝える基礎

10.1　基礎の構造 ◇ 158
10.2　直接基礎 ◇ 159
　　　　　　　　　　　　　　　　　10.2.1　直接基礎の構造 ……………………159
　　　　　　　　　　　　　　　　　10.2.2　基礎スラブに作用する外力 …159
　　　　　　　　　　　　　　　　　10.2.3　長方形基礎スラブの設計応力と
　　　　　　　　　　　　　　　　　　　　断面算定 ……………………………160
10.3　杭基礎 ◇ 163
　　　　　　　　　　　　　　　　　10.3.1　基礎スラブの設計応力算定 …163
　　　　　　　　　　　　　　　　　10.3.2　基礎スラブの断面算定 ………163
　　　　　　　　　　　　　　　　　10.3.3　杭 ……………………………………164
10.4　基礎梁 ◇ 166
10.5　最下階柱，基礎梁，基礎スラブおよび杭との接合部 ◇ 167
　練習問題10 ◇ 169

第11章　面外に曲げモーメントとせん断力を受ける床スラブ

11.1　床スラブの構造 ◇ 172
11.2　床スラブの厚さ ◇ 173
11.3　曲げモーメントに対する許容応力度設計 ◇ 175
　　　　　　　　　　　　　　　　　11.3.1　設計用曲げモーメント ………175
　　　　　　　　　　　　　　　　　11.3.2　許容曲げモーメント ……………177
11.4　せん断力に対する検討 ◇ 177
　練習問題11 ◇ 177

第12章　構造計算の流れ

12.1　構造設計 ◇ 180

12.2 準備計算 ◇ 181
12.3 一次設計時検討 ◇ 181
  12.3.1 常時荷重時応力に対する検討　181
  12.3.2 短期応力に対する検討 ……….181
12.4 偏心率と剛性率の計算 ◇ 182
12.5 保有水平耐力の検討 ◇ 182
  12.5.1 保有水平耐力計算の精算 ……182
  12.5.2 保有水平耐力の略算 …………182

  練習問題 12 ◇ 185

解答 ◇ 186
引用・参考文献 ◇ 196
索引 ◇ 199

第1章

はじめに

いま，私たちの周りには鉄筋コンクリート構造で建てられた非常に多くの建物が建っており，鉄筋コンクリート造建物を利用しない日はないといってもよい．ここでは，鉄筋コンクリート構造がどのように発展し，どのように展開されているかを説明する．

セメントに水を混ぜただけのセメントペーストとしての利用から，鉄筋で補強することによって，曲げられても圧縮されても強い構造形式が開発されていく歴史を紹介し，建物に必要な性能である，使用性，耐久性，耐震性，耐火性について，鉄筋コンクリート構造の特徴と性能について説明する．さらに，この特徴を生かし，どのような構造形式で，どのような建物に利用されているかを簡単に述べる．

鉄筋コンクリート造学校（1929年竣工）

1.1 鉄筋コンクリート構造の歴史

　鉄筋コンクリート構造は，鉄筋(鋼)とコンクリートで構成される複合構造であるが，コンクリートもセメント，水，骨材からなる複合材料である．セメントの起源は古く，ローマ時代には，すでにセメントに砂と砂利を混ぜたコンクリートで造られた構造物が存在していたといわれている．この時代のセメントは，石灰石を焼いて粉砕したものだったらしい．現在使用されているセメントは，1756 年イギリス人のジョン・スミートンが石造の灯台(**写真 1.1**)の建設時に粘土を含む石灰粉末が水によって硬化することを発見したのを機に開発が進み，19 世紀 (1824 年) にイギリス人のジョセフ・アスプディン (Joseph Aspdin) が特許を取るに至った．色がイギリスのポルトランド島から採掘される石材に似ていることからポルトランドセメントと呼ばれるようになった．

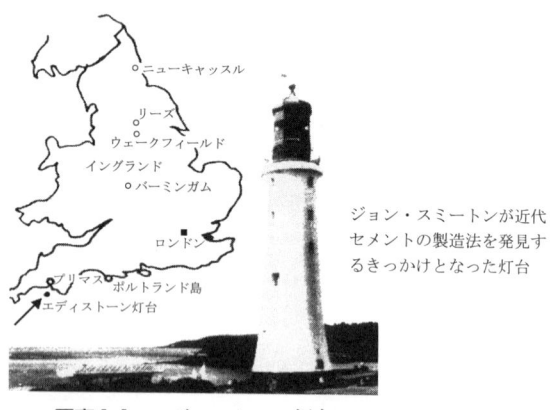

写真 1.1 エディストーン灯台

　セメントと砂，砂利を混ぜて固めたコンクリートは，圧縮力には強いが引張力には非常に弱く，曲げモーメントが作用する梁などには単独では使用できない．この曲げモーメントに対する補強として鉄筋を使用することは，18 世紀後半にフランスで考えられたといわれている．19 世紀中頃にフランス人のランボーが鉄筋で補強したコンクリート製の船の甲板を考案し，さらにモニエが金網で補強したコンクリート製の植木鉢で特許を取ったといわれている．ほぼ同時期に，コンクリートの補強材となる良質の鋼 (steel) の大量生産方法とし

て転炉法(ヘンリー・ベッセマー；Henry Bessemer)，平炉法(シーメンス；Siemens，マルタン；Martin)などが開発され，鉄筋コンクリート構造の研究に拍車がかかった．その後，本格的な鉄筋コンクリート構造の研究はドイツにおいて行われ，19世紀後半には理論的な計算法が開発された[1-5]．

日本では，慶応元年(1865年)に横須賀造船所を起工するにあたり，フランスより30数名の技師を招聘し，セメントをフランスから輸入した．これを始めとして，大量の建築材料が輸入されることとなったが，とくにセメントの輸入量は多いものであった．明治5年には工部省においてセメント製造の研究が始められ，明治6年(1873年)深川に官営の工場を設けて国産セメントの製造が開始され，明治13年(1880年)に竣工した上野博物館に国産セメントが使用された．

明治初期の近代建築物は，主要な部位がレンガ造であり，鉄筋コンクリート構造は主として基礎や床などに使用されていた．本格的な鉄筋コンクリート構造の建造物は，明治36年(1903年)琵琶湖疎水に架けられた支間7.5mの橋が最初といわれている．建築物としては，明治37年(1904年)佐世保重工内のポンプ小屋が最初といわれているがはっきりしていない．明治41年(1908年)には三菱倉庫(平屋)が竣工し，翌年には澁澤倉庫(平屋)が，翌々年には八十島親徳邸内倉庫(二階建)，團琢磨邸書庫(二階建)，高島屋本店(三階建)，海軍省造兵廠構内倉庫，国府津停車場構内機関車庫が竣工するに至っている[1-7]．

1.2　鉄筋コンクリート構造の特徴

建築物に必要な性能は，使用性，耐久性，安全性であり，安全性には地震などの物理的な外力に対する構造安全性や火災に対する安全性のほか，建具の落下転倒など建物の利用者に対する安全性，防犯なども含まれる．鉄筋コンクリート構造には主に以下のような特徴がある．

（1）使用性

コンクリートは比強度(材の密度に対する強度の比)が小さい材料なので，所要の強度を得るために必要な材料の量が多くなり，梁や床に用いた場合に断面寸法が大きくなる．その結果，遮音性に優れていること，揺れや振動が小さ

いことなどから，集合住宅には適した構造であるといえる．

(2) 耐久性

鉄筋コンクリート造建築物の耐久性を低下させる最大の要因は鉄筋の腐食であり，コンクリートのひび割れは鉄筋腐食の発生と促進の最大の原因である．通常，コンクリートは強いアルカリ性で内部の鉄筋がさびないように保護しているので，良好な施工がなされていれば周辺の気候によって劣化することも少なく耐久性に優れている．

しかし，鉄筋コンクリート工事では，工事の工程が複雑なため，品質が施工工程中の作業や環境の影響を受けやすく，また硬化後のコンクリートは乾燥収縮や小さな地震動でもひび割れが発生しやすい．とくに鉄筋が発せいしやすい環境では，防せい措置を施した鉄筋（写真1.8）を用いるなどの対策も必要である．また，建設当初に予定した耐久性を維持するためには，常時の計画的な維持管理も重要であることを忘れてはならない．

(3) 耐震性

前述のように，コンクリートは比強度が小さく各部材が重くなるため，耐震性に関して不利となる場合がある．しかし，建築物の平面計画や立面計画をバランスよくおこない，上手な構造計画を行うとともに，鉄筋を有効に使用すれば靭性に富んだ構造とすることができる．

(4) 耐火性

鋼は耐火性に乏しく500℃を超えると急激に耐力を失う．コンクリートは，高温下ではポップアウトを起こしたり，強度やヤング係数も常温時より劣化する場合があるものの，熱伝導率が小さいためかぶり厚さが確保されていれば，内部の温度上昇を防ぎ鉄筋の高温による耐力低下を防ぐことができる．このため火災によって鉄筋コンクリート造の建築物が倒壊することはほとんどなく，耐火性に富んだ構造である．

(5) 設計の自由度

コンクリートは，セメントと水，骨材を混練した段階（フレッシュコンクリート）では流動性に富んだ液状であるため，建築物の形をかなり自由に形成することができる．ラーメン構造やシェル構造，アーチ構造など各種の構造形式を選択することができる．

1.3 構造形式

　コンクリートは，施工時には流動性に富んでいるので，一体性が必要な建築物の構造材料として適している．構造形式は柱や梁などの部材によって構成される骨組み構造形式（ラーメン構造やアーチ構造）と壁や床などの面材だけで構成される構造形式（壁構造やシェル構造）に分類できる．

（1）ラーメン構造（rahmen structure）

　柱と梁を一体として構成した骨組み構造である．鉄筋コンクリート構造物として最も多く用いられる構造形式である．通常，スパン6m前後，10階以下とすることが多い（**写真1.2**）．最近では，圧縮強度が100 N/mm² 程度のコンクリートと引張り強度が1,300 N/mm² 程度のせん断補強筋を用いて，高さ60m以上，20階以上の建築物でも鉄筋コンクリート構造で建てられている（**写真1.3**）．

（2）アーチ構造

　半円状に曲げた梁は，梁に掛かる荷重を主として材軸方向の圧縮力として支えることができ，曲げモーメントが生じない構造となるので，コンクリート構造に適した構造であり，比較的断面の小さな梁で大スパンの構造をつくることができる．このような構造をアーチ構造（arched structre）と呼んでいる．アーチ構造は一般に橋梁やダムなど土木構造物に用いられるが，大規模な建築物にも使用される（**写真1.4**）．

写真1.2 鉄筋コンクリート造ラーメン構造（学校）

写真1.3 超高層鉄筋コンクリート造共同住宅[1-1]

写真1.4 プレストレストコンクリートによるアーチ梁構造（展示場）[1-2]

写真1.5 鉄筋コンクリート造壁式構造（共同住宅）

写真 1.6 シェル構造（体育館ドーム屋根）[1-3]

（3） 壁構造

柱や梁を用いずに，壁と床によって構成される構造を壁構造（wall structure）と呼ぶ．共同住宅や小規模の建築物の場合，鉄筋コンクリート造の壁と床によって作られた箱形の建築物とすることがある．この形式は，室内に柱形がなく室内空間を四角に取ることができるなど，広い居住空間を確保するとともに耐震性も確保することができる（**写真 1.5**）．

（4） シェル構造（shell structure）

屋根面などの面状部位を曲面にすることにより，鉛直荷重を屋根面に沿って作用する圧縮応力によって支える構造形式で，大スパン建築物に適している．曲面の形から，円筒シェル，球面シェル（**写真 1.6**），HP シェルなどがある．

1.4　いろいろな鉄筋コンクリート構造

（1） 鉄筋コンクリート構造

鉄筋コンクリート構造（reinforced concrete structure）は，**図 1.1** に示すように，引張力に弱いコンクリートを補強材で補強した構造であり，補強材に鉄筋が用いられることから鉄筋コンクリート構造（RC 構造）と呼ばれている．

鉄筋コンクリート構造では梁などの部材が変形をしたときに，鉄筋とコンクリートとが一体となって挙動することが必要であり，また，鉄筋の端部が接合している部材から抜け出さないように，きちんと定着しておかなければならない．鉄筋とコンクリートとの一体性をより確実にするために，表面が平滑な鉄筋（丸鋼と呼ぶ）に替わって表面に凹凸をつけた異形鉄筋が使用されている（**写真 1.7，1.8**）．また，鉄筋にはロールマークがつけられており，鉄筋の製造会

(a) 無筋コンクリート梁   (b) 鉄筋コンクリート梁

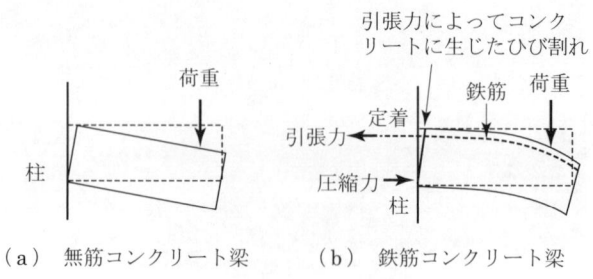

図1.1 鉄筋コンクリート造の仕組み

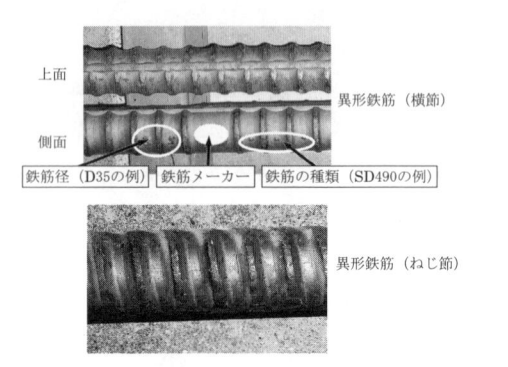

写真1.7 異形鉄筋

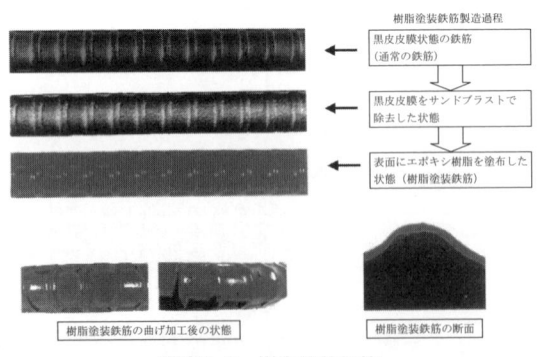

写真1.8 樹脂塗装鉄筋

社, 鉄筋の径, 鉄筋の種別(強さ)がわかるようになっている. 鉄筋コンクリート構造は, ラーメン構造, 壁式構造, アーチ構造, シェル構造として使用される.

なお，コンクリートを補強する構造には，鉄筋コンクリート構造のほか，補強する材料として，PC鋼線，PC鋼棒と呼ばれる非常に高強度の鋼材や，H形鋼やL形鋼などの形鋼を用いた構造がある．最近では，炭素繊維やアラミド繊維を補強材として用いた構造（連続繊維補強コンクリート構造）も実用化され始めた．

（2） プレストレストコンクリート構造(pre-stressed concrete structure)

鉄筋コンクリート構造では，曲げモーメントによって発生した引張力によってコンクリートにひび割れが発生した後，鉄筋が働くことを期待している．一般に，曲げモーメントによって生じるコンクリートの圧縮応力と鉄筋の引張応力を比較したとき，コンクリートの圧縮応力の方に余裕がある．この特性を利用して補強材に引張強度の非常に高い鉄筋または鋼線（PC鋼棒やPC鋼線など）を使用し，あらかじめコンクリートに作用すると予想される引張力に見合った圧縮力を，引張力の作用する部分のコンクリートに加えておく構造法をプレストレス構造（PC構造）と呼んでいる．

この構造法はプレストレスの導入など施工工程が複雑となる難点もあるが，通常の使用状態では，部材全断面のコンクリートが有効に働くため，大スパンの構造物に適した構造法である（**写真1.9**）．荷重が作用しても**図1.2**に示すような引張力によるひび割れは発生しないように設計する（フルプレストレスト構造）が多く用いられている．最近では，プレストレス力の大きさを調節して，ひび割れ発生を許容するが，そのひび割れ幅を小さく抑えるパーシャルプレストレス構造（PPC構造またはPRC構造）も多く用いられるようになった．

写真1.9 プレストレストコンクリート構造（美術館，大スパン）[1-4]

曲げモーメントによる引張力によって生じたひび割れが
生じないようにプレストレスによって抑える.

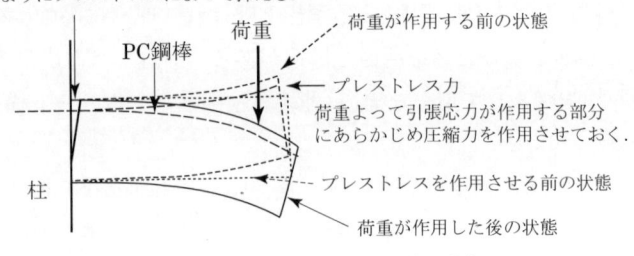

荷重が作用する前の状態
PC鋼棒
荷重
プレストレス力
荷重よって引張応力が作用する部分
にあらかじめ圧縮力を作用させておく.
柱
プレストレスを作用させる前の状態
荷重が作用した後の状態

図1.2 プレストレストコンクリート造の仕組み

(3) 鉄骨鉄筋コンクリート構造

鉄骨を心材としてその周りを鉄筋コンクリートで巻いて補強した構造を鉄骨鉄筋コンクリート構造 (steel reinforced concrete structure) と呼んでいる.

心材の鉄骨には一般に形鋼 (組立材とする場合もある) を使用するが,歴史的には,鉄骨の座屈防止と耐火被覆としてコンクリートを利用した鋼構造の一つとして日本において開発されたものである.構造計算法の開発に伴い,コンクリートも耐力を分担する構造材として有効利用するようになり,鉄筋の代わりに形鋼を使用する鉄筋コンクリート構造の一つ「鉄骨コンクリート構造」(SC構造と呼ぶ) と考えるようになってきた.

現在では,形鋼の周りに鉄筋を配筋してコンクリート打設する場合が多い (SRC構造と呼ぶ).形鋼と鉄筋の割合は様々で,鉄筋の少ない鉄骨コンクリート構造に近いものから形鋼の使用量の少ない鉄筋コンクリート構造に近いものまで幅広く利用されている.鉄筋コンクリート構造よりも高い建築物に適しており,10〜15階建ての建物に利用されることが多い.

練習問題1

1. 鉄筋コンクリート構造の特徴について述べよ.
2. 構造形式にはどのようなものがあるか,構造形式をあげて,簡単に説明せよ.
3. 鉄筋コンクリート構造,プレストレストコンクリート構造,鉄骨鉄筋コンクリート構造の違いについて簡単に説明せよ.

第2章

コンクリート

 鉄筋コンクリート構造を理解するためには，コンクリートの性質を理解することが第一歩である．コンクリートも複合材料であり，セメント，骨材，水などから構成されている．建物としてコンクリートに必要な性能は，硬化してからの性能であるが，コンクリートは生物であり，製造，施工，養生など，硬化するまでの環境が硬化した後のコンクリートの性能に及ぼす影響を理解しておくことも重要である．

 本章では，コンクリート材料の性質について説明した後，フレッシュコンクリートと硬化したコンクリートの性能について説明している．良好な鉄筋コンクリート造建築物を作るために必要な性能を有するコンクリートの製造方法と施工方法について説明する．

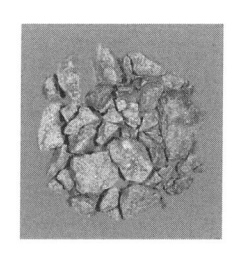

普通骨材（川砂利）　　再生骨材（高品質再生骨材）　　再生骨材（中品質再生骨材）

2.1 コンクリートの性能

　構造材料としてのコンクリートに期待されている性能には，硬化コンクリートとしての性能である構造的な性能と耐久性能，まだ固まらないコンクリートとしての性能である施工性能がある．コンクリートの調合計画に当たっては，この二つの性能を十分に考慮しなければならない．

（1）硬化コンクリートの性能

　構造性能としては強度と剛性があげられる．とくに圧縮強度を管理して，設計時に要求される強度（設計基準強度；specified design strength）を確保することが必要である．

　耐久性能とはコンクリートの経年劣化に対する抵抗性であり，コンクリートの経年劣化として知られているひび割れは，これが鉄筋の腐食をもたらすことから鉄筋コンクリート造建物の耐久性にとって最も重要な要因である．ひび割れ発生の原因として，使用材料による要因としてアルカリ骨材反応や塩害が，環境による要因として乾燥収縮，中性化，凍結融解作用や塩害が，外力による要因として地震などがあげられる．

（2）まだ固まらないコンクリートの性能

　施工性能はワーカビリティーと呼ばれ，まだ固まらないコンクリート（フレッシュコンクリート）の性能で，流動性が良く打込む場所に適した軟らかさを持ち，材料分離を起こさずに型枠の隅々まで行き渡るコンクリートが良いコンクリートである．

2.2 コンクリートの材料

　コンクリートは，水硬性のセメントを結合材としてこれに水を加えてペースト状にしたセメントペーストに砂利や砂などの骨材（粗骨材と細骨材）を混ぜ，さらに必要に応じて混和材料を加えて混練したもので，セメントの水和反応の状況によってまだ固まらない状態のフレッシュコンクリートと硬化後の硬化コンクリートと区別されている．

　骨材には，直径が約5mm以下の細骨材と5mm以上の粗骨材がある．セメントペーストと細骨材のみを混合したものを「モルタル」と呼び，コンクリー

2.2 コンクリートの材料　13

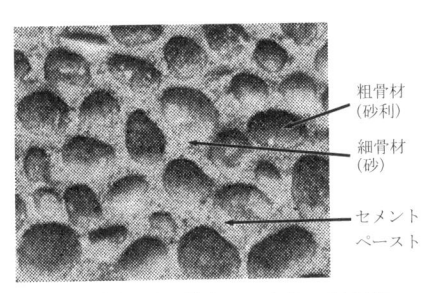

写真 2.1 (a) 洗い仕上コンクリート表面

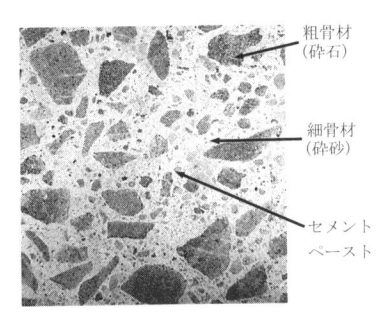

（ラベル：粗骨材（砂利）、細骨材（砂）、セメントペースト）

写真 2.1 (b) コンクリート断面

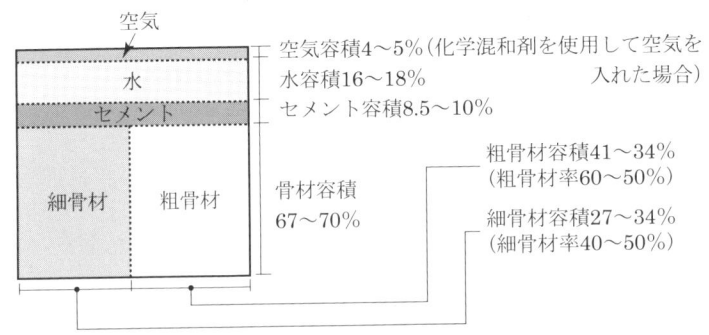

（ラベル：粗骨材（砕石）、細骨材（砕砂）、セメントペースト）

図中ラベル：
- 空気　空気容積4〜5%（化学混和剤を使用して空気を入れた場合）
- 水　水容積16〜18%
- セメント　セメント容積8.5〜10%
- 細骨材／粗骨材　骨材容積67〜70%
  - 粗骨材容積41〜34%（粗骨材率60〜50%）
  - 細骨材容積27〜34%（細骨材率40〜50%）

図 2.1 コンクリートの容積構成割合概念図

トと区別している．写真 2.1(a)はコンクリートの表面のモルタルを洗い流した「洗い出し仕上げ」と呼ばれるものである．表面に浮き出しているものが粗骨材(砂利)，小さな黒い粒子が細骨材(砂)であり，残りの白い部分がセメントペーストである．写真 2.1(b)は硬化コンクリートの切断面であり，粗骨材が断面内に均一に分布しているのがわかる．

　建築工事で一般に使用されるコンクリートについてセメントペースト，骨材および空隙の容積関係を図 2.1 に示す．骨材は，絶対容積でコンクリート容積の約 70% を占めている．

　骨材を使用する利点は，材料コストの低減，乾燥収縮量の低減，磨り減り抵抗性の向上などがあげられる．図 2.2 はモルタルにおいて細骨材(砂)量が強度に及ぼす影響を比較したものである．砂の量を増やすと強度は低下するが，通常使用する強度範囲では，セメント量が大幅に低減でき，経済的な効果が大きい．

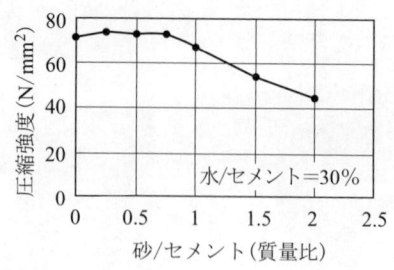

図2.2 モルタルの強度に及ぼす砂の影響[2-1]

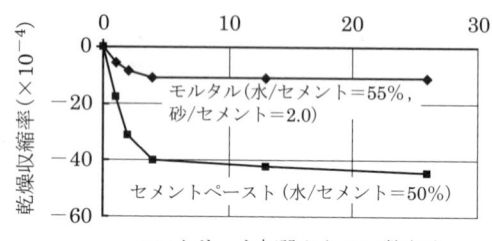

図2.3 セメントペーストとモルタルの乾燥収縮の比較[2-1]

図2.3はセメントペーストとモルタルの乾燥収縮量の比較であるが，骨材を混合することにより乾燥収縮量が大幅に低減されていることがわかる．乾燥収縮量が大きいコンクリートは打設後にひび割れが発生しやすく，雨漏りなど耐久性能が低下する原因となる．

2.2.1 セメント

構造用コンクリートに用いられるセメント (cement) には，ポルトランドセメントと，ポルトランドセメントに各種の粉体材料を混合した混合セメントがある．混合セメントとして混合する材料には，高炉スラグ粉末，フライアッシュ粉末，シリカ粉末がある（このうちシリカ粉末を用いる混合セメントは現在ほとんど製造されていない）．

ポルトランドセメントの品質は「JIS R 5210（ポルトランドセメント）」に規定されている．ポルトランドセメントは普通，早強，超早強，中庸熱，耐硫酸塩，低熱の6種類に分類されており，さらにアルカリ骨材反応を抑制する目的で，アルカリ量の少ない低アルカリ形（セメントの質量に対する ($R_2O=Na_2O+0.658\,K_2O$) の割合が 0.6 % 以下を保証したセメント）もあるので，全

表2.1 各種セメントが用いられる部位および鉄筋コンクリート建築物

セメントの種類＼使用部位	基礎	躯体	内外装	超高層	原子力施設	発電所	海洋建築	硫酸塩土壌	緊急補修工事・工事
普通ポルトランドセメント	○	○	○	○	○	○			
早強ポルトランドセメント		○	○						
超早強ポルトランドセメント			○						○
中庸熱ポルトランドセメント	○			○	○	○			
低熱ポルトランドセメント	○			○					
耐硫酸塩ポルトランドセメント							○	○	
高炉セメント	○	○					○	○	
フライアッシュセメント	○						○	○	

部で12種類となっている．

なお，2003年に資源リサイクル型セメントとして主に都市ゴミ焼却灰を原料として製造されるセメントが「JIS R 5214（エコセメント）」として規格化された．セメントの種類と主な用途の関係を**表2.1**に示す．

（1）ポルトランドセメント（portland cement）

普通ポルトランドセメント（ordinary portland cement）は，一般の工事用として最も広く使用されており，日本における全セメント使用量の約70％を占めている．

早強ポルトランドセメント（high-early-strength portland cement）は，水和反応が速く，強度発現も速いので，早期に所要の強度が必要な場合に使用される．寒中にコンクリートを打設したいときやプレストレストコンクリート工事などに用いられる．

超早強ポルトランドセメント（ultra-high-early-strength portland cement）は，緊急工事などさらに早く所要の強度が必要な吹付コンクリートや補修工事などに使用されるが，通常の工事にはほとんど使用されていない．

中庸熱ポルトランドセメント（moderate heat portland cement）は，水和反応の速度を遅くして反応中の発熱（水和熱）を抑えたセメントであり，設計基準強度が$60\,\text{N/mm}^2$を超えるようなセメント使用量の多いコンクリートや

部材断面の大きいマスコンクリート，気温が高くて水和反応が進みすぎる暑中のコンクリート工事などに使用される．

低熱ポルトランドセメント (low heat portland cement) は，中庸熱ポルトランドセメントよりさらに水和熱の発生を抑えたセメントである．水和反応の速度をさらに遅くして反応中のコンクリート温度の上昇を低く抑えるため，強度発現速度も遅く，所要の強度を確保するための材齢は長く必要になる．このため，一般に低熱ポルトランドセメントを使用したコンクリートは，56日～91日でコンクリート強度の確認を行うことが多い．ゆっくりと長期に亘って反応する「Bライト（セメント化学の記号でC_2S）」と呼ばれる成分を多く含むことから，「Bライトセメント」とも呼ばれている．

耐硫酸塩ポルトランドセメントは，海水や温泉など，とくに硫酸塩を含む水や土と接するような場所のコンクリートに使用される．

（2）混合セメント

混合セメントは，セメントに混合する粉体の割合によってA，B，C種の3種に区分されており，JIS規格では混合割合を，高炉セメントA種は5超～30％，B種は30超～60％，C種は60超～70％であり，フライアッシュセメントA種は5超～10％，B種は10超～20％，C種は20超～30％としている．

高炉セメント (blast furnace slag cement) は，ポルトランドセメントに高炉スラグ（高炉で鋼を生産する際に排出される溶融した岩石（鉱さい＝スラグ）を冷却して粉砕し粉末状にしたもの）を混合したセメントである．高炉スラグは，アルカリまたは硫酸塩などによって刺激されると，水和反応を起こし硬化する性質（潜在水硬性）を持ち，セメントと似た性質がある．このため，強度発現の性状もポルトランドセメントと似ており，とくに長期にわたる強度増進が期待できる特徴がある．

また，化学抵抗性も大きく，アルカリ骨材反応の抑制に効果があるなどの性質も有している．土木構造物や場所打ちコンクリート杭など広く使用されており，日本における全セメント使用量の約25％を占めている．一方コンクリート打設後初期に湿潤状態に保たないと所要強度を発現しないので施工時には注意が必要である．

フライアッシュセメント (flyash cement) は，ポルトランドセメントにフライアッシュ (火力発電所などの石炭を燃料とするボイラの煙道から回収される微粉) を混合したセメントであり，フライアッシュに含まれているシリカ質の鉱物は，セメントの水和反応によって生成される水酸化カルシウムと反応して不溶性のけい酸カルシウムを生成し硬化する性質がある．この反応をポゾラン反応 (ポゾラン活性ともいう) と呼ぶ．良質 (未燃炭素が少なく，粒子形状が球形のものが多い) なフライアッシュを混合したセメントは長期強度の増進が大きく，乾燥収縮も小さく，アルカリ骨材反応の抑制に効果があるなどの性質を有している．湿潤状態に保持しないとポゾラン反応が起きにくく，管理材齢までに所要の強度が得られないことがあるので，打設後の養生にはとくに注意が必要である．

2.2.2 骨 材
（1） 種 類

骨材はその径の大きさによって細骨材 (fine aggregate) と粗骨材 (coarse aggregate) とに分けられている．10mm のふるいを通過した後，5mm のふるいにかけたときに85％以上通過する骨材粒子の集合を細骨材という．また 5mm のふるいにかけて85％以上留まる骨材粒子の集合を粗骨材という．質量で90％以上が通過するふるいのうち，ふるい目が最小のもののふるい目の寸法を粗骨材の最大粒径としている．建築で用いられている粗骨材の最大粒径は通常25mm (基礎などに用いるコンクリートでは40mm) であるが，最近では最大粒径20mm のものが多く用いられている．

産出方法によって分類すると，天然骨材と人工骨材に大別される．天然骨材には，川砂・川砂利，海砂・海砂利，山砂・山砂利，陸砂・陸砂利などがある．人工骨材には，膨張頁岩を粉砕して粒度調整したものや粉体状にして造粒したものを焼成して製造した人工軽量骨材と，天然の岩石を砕いた砕石・砕砂，および各種スラグ骨材などがある．最近では，解体した建物のコンクリート塊を砕き，塊内部の骨材を抽出して得られる再生骨材などの製造方法も開発され使用され始めている．

（2） 性 質

コンクリートの性能に影響を及ぼす骨材の性質には，粒度分布，含水率，密

度および安定性（凍結融解抵抗性とアルカリ骨材反応抵抗性）がある．とくにアルカリ骨材反応などに対する化学的安定性は重要である．岩石の中には，コンクリート中のアルカリ（とくにNa^+，K^+）と反応して膨張する性質を有するものがあり，このような鉱物を含む骨材を使用すると，硬化後経年とともに壁などの拘束に方向性のない部材には亀甲状の膨張性のひび割れ，また柱や梁などのように拘束に方向性のある部材には材軸方向に膨張性のひび割れが発生する恐れがある．骨材のアルカリ骨材反応性の有無を調べておくことは重要であり，その試験法も JIS として規格化されている．

また，骨材には粘土やシルトなどの物質も含まれており，これらの含有量がコンクリートに有害にならないことを確認しておくことも重要である．コンクリート用骨材としてもつべき品質については，「JIS A 5308（レディーミクストコンクリート）」の付属書に規定されている．

2.2.3 水

練混ぜ水には，上水道水のほか，河川水や地下水，工業用水などが使用される．一般排水が混入して汚染された水やレディーミクストコンクリート工場における洗浄排水（回収水），スラッジ水などをそのまま用いると，ワーカビリティーや凝結時間，強度発現性，硬化後の耐久性などに悪影響を及ぼすことがある．上水道水は品質試験をしなくても使用できるが，その他の水は，「JIS A 5308」の付属書に定められている練混ぜ水の品質規定に合格したものでなければならない．とくに塩化物を含む水は鉄筋を腐食させ塩害をもたらし，また，糖分の混入した水はコンクリートの正常な凝結・硬化を妨げ硬化不良を起こす恐れがあるので注意が必要である．

2.2.4 混和材料

混和材料（admixture）は，コンクリートの性能を向上させる目的でコンクリート製造過程において添加・混入される材料である．薬剤のようにセメントに対する添加量が非常に少なく（5％程度以下）コンクリートの容積に影響しない程度の使用量の混和剤と，容積に影響する程度に使用量が多い混和材の2つに分類されている．

（1） 混和剤（chemical admixture）

コンクリート中の微細な気泡（径が数10〜150μm程度）はワーカビリ

ティーやブリーディング性状を改善する効果があるため，単位水量を少なくすることができ，また凍結融解に対する耐久性を向上させることができる．このように化学混和剤で混入される独立した微細空気泡を連行空気(entrained air)と呼び，現在製造されているほとんどのコンクリートには，この連行空気が混入されている．しかし，空気量は多過ぎるとコンクリート強度を低下させるため，空気の連行は通常4％程度とし，多くても6％以下としている．

　AE剤は，コンクリート中に微細な空気を連行する効果をもっている．減水剤は，セメント粒子の水中への分散性を良くすることによって，より少ない単位水量でも必要なワーカビリティーを確保することができる効果をもっている．現在では，AE剤と減水剤の両方の性能をもつAE減水剤(air entraining and water reducing agent)が最も多く使用されている．近年では，AE減水剤よりさらに分散性能が高くその性能の持続時間も長くした高性能AE減水剤が開発され，高強度コンクリートの製造や単位水量を抑制しなければならないコンクリートの製造に用いられている．これらの混和剤はコンクリート用化学混和剤と呼ばれ，その品質は「JIS A 6204(コンクリート用化学混和剤)」に規定されており，通常，練混ぜ時に水と一緒に添加して使用される．

　その他，コンクリート練混ぜ後にワーカビリティー改善の目的で使用される流動化剤(super plasticizer)やコンクリートの凝結を促進する凝結促進剤，コンクリートの凝結を遅らせる凝結遅延剤，鉄筋の腐食を抑制する防せい剤などがある．

（2）混和材

　混和材には，フライアッシュと高炉スラグが一般的であるが，これらの効果についてはフライアッシュセメントと高炉セメントと同様である．このほかに，コンクリートの収縮低減の目的で用いられる膨張材やコンクリートの流動性を大きくする目的で使用される石灰石微粉末，高強度コンクリート製造に使用されるシリカフェームなどがある．

2.3　フレッシュコンクリートの性質

　練り混ぜてから硬化が始まるまでのまだ固まらない流動性を有しているコンクリートをフレッシュコンクリート(fresh concrete)という．フレッシュコ

ンクリートに要求される性能は主に施工のしやすさに関係するもので，コンシステンシー（変形あるいは流動に対する抵抗性）と材料分離に対する抵抗性が重要である．

（1）ワーカビリティー

ワーカビリティー（workability）とは，フレッシュコンクリートを材料の分離を生じることなく型枠内の隅々まで均質に充填する場合の作業の難易の程度を表す言葉であり，適切な施工を行えばワーカビリティーのよいコンクリートは，所要の性能をもった良質の硬化コンクリートになることが期待できる．「JIS A 0203（コンクリート用語）」では，ワーカビリティーを「材料分離を生ずることなく，運搬，打込み，締固め，仕上げなどの作業が容易にできる程度を表すフレッシュコンクリートの性質」と定義しており，単に打ち込みやすいというだけでなく，練混ぜから仕上げまでコンクリート工事のすべての工程に関わる評価として極めて重要な性質である．

（2）コンシステンシー

コンシステンシー（consistency）は，「フレッシュコンクリートの変形または流動に対する抵抗性」と定義され，フレッシュコンクリートの粘性抵抗を示すものであり，一定の力を加えたときの変形量や一定の変形を与えるのに必要なエネルギー量で評価する．現在一般的な評価方法として，通常の流動性をもつコンクリートにはスランプ試験方法（slump test）が，また高強度コンクリートや高流動コンクリートなど流動性の高いコンクリートにはスランプフロー試験方法（slumpflow test）が用いられている．表2.2にスランプおよびスランプフロー試験法の概要を，写真2.2にスランプおよびスランプフロー試験時のフレッシュコンクリートの状態を示す．図2.4にスランプとスランプフローの関係を示す．コンシステンシーは，単位水量，空気量，骨材中の細骨材の割合（細骨材率），粗骨材の最大寸法や細骨材の粗さの程度（粗粒率），骨材の粒形，混和材料の量，温度など様々な要因の複合的な影響を受ける．

（3）材料分離に対する抵抗性（segregation-reducing）

コンクリートは，水やセメント，骨材といったそれぞれ密度の異なる材料を混ぜ合せて作られた材料である．したがって，フレッシュ状態では，適度な粘性をもつ調合でないと粒径の大きなものや密度の大きいものが先に沈下し，ほ

2.3 フレッシュコンクリートの性質

表2.2 コンシステンシーの試験法

試験方法	図	試験法の概要	原理
コンクリートのスランプ試験方法（JIS A 1101）		左図のコーンにコンクリートを3層に分けて詰め、各層ごとに25回ずつついた後に、コーンを引き上げて、下がり量を測定する。	重力による変形量
コンクリートのスランプフロー試験方法（JIS A 1150）		左図のコーンにコンクリートを3層に分けて詰め、各層ごとに5回ずつついた後に、コーンを引き上げて、コンクリートの広がりの直径を測定する。詰込みは2分以内に行う。	

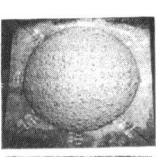

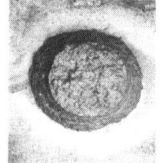

上段：スランプフロー60cmの高流動コンクリート
下段：スランプ18cmの普通コンクリート

写真2.2 スランプおよびスランプフロー時のフレッシュコンクリート

○ 高強度コンクリート
△ 高流動コンクリート

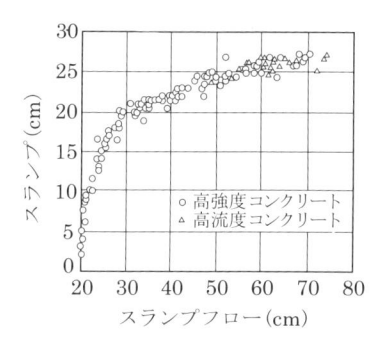

図2.4 スランプとスランプフロー

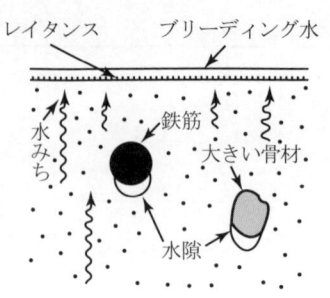

図2.5 ブリーディングによるコンクリート内部の欠陥[2-2]

かの材料に比べ密度が小さい水が上層部に残ってしまい，その結果分離が生じる．

通常，施工時に生ずる分離現象は，粗骨材の沈下とブリーディング（コンクリートの打込み後に練混ぜ水の一部が分離してコンクリートの上表面に浮いてくる現象；bleeding）である．図2.5に示すように，鉄筋や粗骨材の下部に生じる水隙や水みちが硬化後には空隙となりコンクリートの欠陥となる．また，不適切な配筋は，鉄筋間の骨材の通過を妨害し，粗骨材が鉄筋間にひっかかってモルタルと分離し，ジャンカ（豆板，巣などともいう）と呼ばれる粗骨材だけが露出した欠陥部分を生じさせる原因となるので注意が必要である．

(4) 空気量

一般にコンクリート中には，形が悪く互いに繋がった空気泡が体積の1〜2％程度自然に入り込んでいる．このような空気をエントラップドエア（entrapped air）と呼んでおり，コンクリートの品質を低下させる原因となっている．このコンクリートにAE剤やAE減水剤などの空気連行性の化学混和剤を添加することによって，entrapped airの品質を改良し，さらに形状のよい直径$100 \sim 150 \mu m$以下の独立した空気（entrained air）を3〜6％連行すると，フレッシュコンクリートのワーカビリティーが改善され，硬化後の耐凍害性も改善される．

ただし，空気量（air content）が多過ぎるとコンクリート強度が低下するので，一般に4〜5％程度を標準として調合計画をする．空気量は，セメントの粉末度，単位セメント量，細骨材中に含まれる0.6mm以下の粒子量などの影響を受けるので，AE剤やAE減水剤の添加量で調節する．なお，混和材の

2.4 硬化したコンクリートの性質

中には，フライアッシュのように化学混和剤を多量に吸着し，化学混和剤の使用量が非常に多くなるものがあるので，注意が必要である．

（5）凝　結

セメントの水和反応が進行し，コンクリートがしだいに流動性を失っていく現象を凝結（始発から終結まで；set）という．凝結が始まるまでの時間は，セメントの種類や混和剤の種類と添加量，気温や日射，風などの影響を受ける．コンクリートを打ち足していくときに，前に打設したコンクリートに凝結が始まっていると，連続性が失われコールドジョイント（cold joint）とよばれる欠陥が生じやすくなるため，コンクリートを連続して打設する場合は，打足しまでの時間とバイブレーターなどによる振動締固めに注意が必要である．

2.4 硬化したコンクリートの性質

硬化したコンクリートの性質のうち，構造上最も重要なものは力学的性質であるが，その他，耐久性，耐火性，水密性，体積変化なども建築材料として知っておくべき性質である．

2.4.1 力学的性質

（1）圧縮強度

構造設計で基本とするコンクリートの強度は，圧縮強度（compressive strength）である．コンクリートの圧縮強度に影響する主な要因は，使用材料の種類，調合および打設後の環境条件である．

使用材料では粗骨材の種類，形状と最大寸法の影響が大きいが，建築用のコンクリートには，通常普通粗骨材では最大寸法が 20 mm 程度の砕石を，また人工軽量粗骨材では 15 mm 程度のものを使用することが多い．調合では水とセメントの質量割合（水セメント比）の影響が大きい．**図 2.6** に普通コンクリートの圧縮強度に及ぼす粗骨材の最大寸法と水セメント比の影響を示す．

環境条件では温度の影響が最も大きく，次いで湿度の影響も大きい．建築基準法および告示によれば，コンクリートの圧縮強度が構造計算の基準とする設計基準強度を満足しているか否かの判定は，構造体から切り採ったコアコンクリートの材齢 28 日，または材齢 91 日における圧縮試験で確認することを原則としているが，構造物と同じ気温条件で養生された現場水中養生試験体の材齢

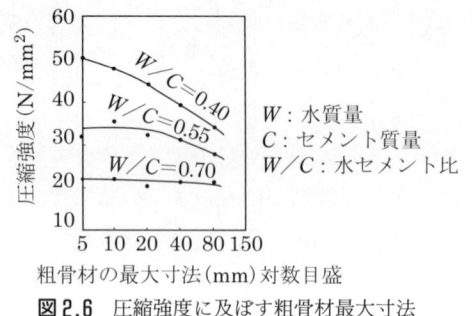

図2.6 圧縮強度に及ぼす粗骨材最大寸法と水セメント比の影響[2-2]

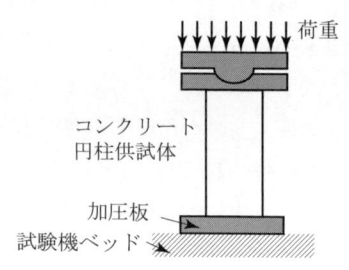

図2.7 コンクリート圧縮強度試験

28日における試験結果で確認してもよいこととしている．

コンクリートの圧縮強度は試験法によっても異なるので，日本においては，直径100mm，長さ200mmの円柱供試体(直径150mm，長さ300mmの円柱供試体を用いる場合もある)を用いて，**図2.7**に示すような圧縮試験法を用いて検査するのが一般的である．

（2） 引張強度

コンクリートの引張強度は小さく，およそ圧縮強度の1/8〜1/15(一般に1/10)で，強度のばらつきも大きい．引張強度(tensile strength)を求める試験方法には，直接引張試験，割裂引張試験，曲げ引張試験などの方法があるが，現在では**図2.8**に示すように，円柱試験体を横にして置き側面から圧縮し，そのときに断面に生ずる引張力から引張強度を求める「割裂引張強度試験方法」が一般的に用いられている．この試験法を用いて求めた引張強度を割裂引張強度(split tensile strength)と呼んでいる．

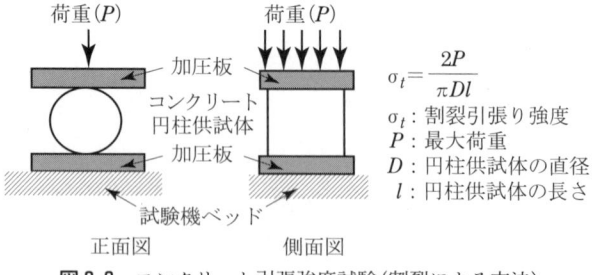

$$\sigma_t = \frac{2P}{\pi Dl}$$

σ_t：割裂引張り強度
P：最大荷重
D：円柱供試体の直径
l：円柱供試体の長さ

図2.8 コンクリート引張強度試験(割裂による方法)

構造計算上コンクリートの引張強度が必要となるのは，曲げひび割れ強度やせん断強度を求める場合であるが，通常は曲げひび割れ強度には梁の曲げ試験結果を統計的に処理した曲げ引張強度を，せん断強度にはせん断強度試験結果を統計的に処理したせん断強度を用い，引張強度試験結果を直接用いることは少ない．なお，曲げ強度とせん断強度は，いずれも圧縮強度の約1/5〜1/7程である．

(3) 応力ひずみ関係

梁や柱などの耐震部材の力学的挙動を予測する場合，コンクリートの応力(度)とひずみ(度)の関係(stress-strain relation)が必要となる．図2.7に示した圧縮試験方法によって求めたコンクリートの圧縮応力と圧縮ひずみの関係

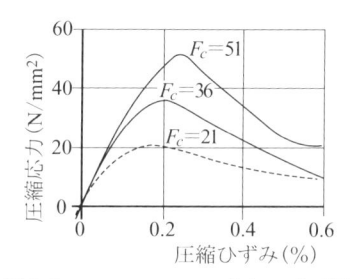

図2.9 コンクリートの応力ひずみ関係

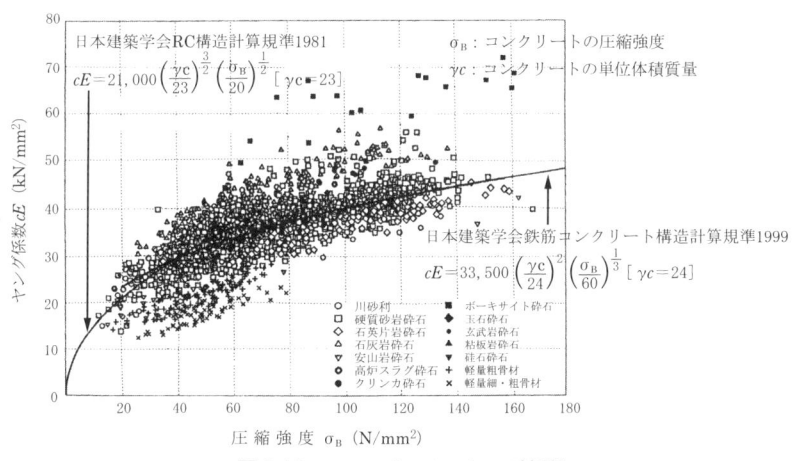

図2.10 コンクリートのヤング係数

を図2.9に示す．圧縮強度が高いコンクリートほど初期の剛性は高くなるが，最大強度以降の耐力低下の勾配は大きく脆性的な破壊をする．

コンクリートは弾性的な性質をほとんど示さない材料で，圧縮応力の小さい段階から非線形の挙動を示す，いわゆる弾性剛性を持たない材料である．このため構造計算上は，応力ひずみ関係において最大圧縮応力度（圧縮強度）の1/3の応力の点と原点とを結んだ直線（割線）の勾配を弾性係数（modulus of elasticity）と定めている．通常，応力方向のひずみ度に対する応力度の比をヤング係数（young's modulus）と呼び，「弾性剛性（elastic rigidity）」としている．

前述したように，圧縮強度が高いほどコンクリートのヤング係数は大きいが，圧縮強度の大きさに比例して大きくなるわけではない．ヤング係数は，圧縮強度のほか，主として使用骨材の種類とコンクリートの単位容積質量にも大きく影響される．コンクリートの圧縮強度とヤング係数の関係を図2.10に示す．

（4）クリープ

一定の圧縮力を長期間コンクリートに作用させておくと，時間の経過とともにひずみが漸増するクリープ（creep）と呼ばれる現象が起こる．クリープひずみが大きいと時間の経過とともに梁や床のたわみが大きくなり使用性が低下する．クリープによって，柱に軸方向の変形が生じると建物に不同沈下が生じ，設計時に予想しなかった応力が部材に発生することがある．また，応力が一定のままでひずみが増加しているので，地震時には見かけ上ヤング係数が低下することになる．

クリープひずみは材齢初期に大きく，時間の経過とともにその増加率が減少し，5，6年程度でほぼ一定の値となる．クリープひずみは，作用する外力が大きいほど，水セメント比が大きいほど大きくなる傾向がある．作用する外力によるコンクリートの応力の圧縮強度に対する比（応力・強度比）がおよそ75％以上（クリープ限度）になると，クリープひずみが収束せず破壊に至る（クリープ破壊）ことがある．

一般に，最終クリープひずみは，弾性ひずみに対する比（クリープ係数）として表され，クリープ係数は構造物の置かれる環境条件にもよるが2～4程度

である．
2.4.2 耐久性に関わる性質
（1） 中性化

コンクリートは水和反応で生じていた水酸化カルシウム（$Ca(OH)_2$）によって強いアルカリ性（pH 13前後）を有しているが，水酸化カルシウムが空気中の炭酸ガスによってしだいに炭酸カルシウム（$CaCO_3$）となり中性化していく．この現象を中性化（炭酸化ともいう）（carbonation；neutralization）と呼び，一般に中性化は時間の平方根に比例して進行するとされている．中性化によってコンクリート自体の力学的性質が大きく影響を受けるわけではないが，環境条件によっては内部の鉄筋の腐食が進行する．鉄筋の腐食は体積膨張をともなうため，かぶりコンクリートにひび割れや割裂破壊を生じて剥落したりすることがある．

かぶりコンクリートが剥落すると鉄筋とコンクリートの一体性が失われ，付着強度の低下，鉄筋腐食の増進，鉄筋およびコンクリートの断面欠損などが生じて部材耐力が低下する．図2.11にコンクリートの中性化の進行程度と鉄筋の腐食の進行程度との関係を示す．「さび評点」は，鉄筋の腐食の程度を表す指標で，鉄筋が健全であるときに「さび評点」は1と評価され，評点が高いほど腐食の程度が著しいことを表している．

（2） 塩分浸透性

コンクリート中に塩化物イオン（Cl^-）が存在すると，コンクリートが中性化していなくても，鉄筋が腐食する可能性が高くなる．したがって，フレッシュコンクリート中の塩化物イオン量はできるだけ少なくする必要があり，通常

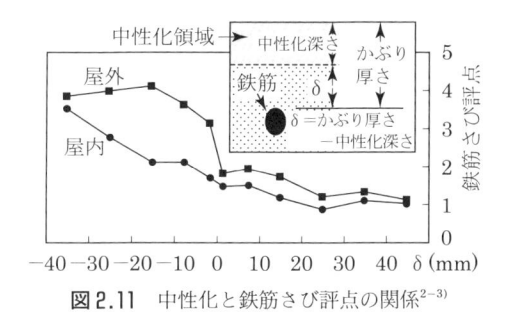

図2.11 中性化と鉄筋さび評点の関係[2-3]

0.3kg/m³ 以下にすることが推奨されている．また，それ以下であっても海岸近くでは塩分が飛来してコンクリート中に浸入していく恐れがある．

また，寒冷地では融雪剤や凍結防止剤などに含まれる塩化物イオンによって鉄筋が腐食する「塩害」が生じることがある．塩分浸透性(attack of chloride-ion)は，コンクリート中に含まれる水分が多いほど高くなる．

(3) 体積変化

コンクリートの体積変化(volume change)には，外力によるもののほか，温度変化，乾燥あるいは湿潤，自己収縮などがある．

コンクリートの熱膨張係数は，$10 \times 10^{-6}/°C$ 程度で鉄とほぼ同じなので，コンクリートと鉄筋は気温変化に対しほぼ一体として伸縮していると考えてよい．しかし，部材の伸縮は，骨組みの中において柱や梁，壁，床など相互に拘束しあっているので，気温の変化によってもコンクリートに応力が生じる．部材の変形が完全に拘束されている場合，たとえば 15°C の変化では 150×10^{-6} のひずみ変化を生じ，$3N/mm^2$ 程度の応力変化を生じる．この応力は圧縮強度 $27N/mm^2$ のコンクリートの引張り強度と同程度であるので，気温の変化によってコンクリートにひび割れが生じる可能性は高い．

湿潤状態のコンクリートが乾燥していくときに体積が減少していく現象を乾燥収縮(drying-shrinkage)という．水セメント比や骨材の種類などによって乾燥収縮量は異なるが，1000×10^{-6} を超えることもある．温度変化と同様に周辺で拘束された部材が乾燥収縮を生じるとひび割れが発生することもある．

セメントの水和反応の進行によって，コンクリートが収縮を起こす現象を自己収縮(self-shrinkage)という．通常強度のコンクリートでは自己収縮は小さく考慮する必要はないが，高強度や超高強度コンクリートなどセメント量の多いコンクリートでは，乾燥収縮に近い量の自己収縮を生ずることがあり，無視できない現象となる場合があるので注意が必要である．

2.4.3 その他の性質

硬化コンクリートの性質として，寒冷地では，凍結融解作用に対する抵抗性も重要である．コンクリート中の水分が凍結と融解を繰り返すことによって，コンクリートに膨張と収縮による繰返し応力が生じ，部材表面のコンクリートが劣化剥落するスケーリング(scaling)が発生したりひび割れを生じたりする

ことがある．この凍結融解作用(freezing-and-thawing)に対する抵抗力を大きくするためには，コンクリート中の微小な独立気泡(連行空気)を5％程度確保することが必要である．

　地下外壁など水に接する部分のコンクリートには，水密性(water-proofing resisting)が必要となる．コンクリートは，中に空隙があるために水を通す性質があり，欠陥の無いコンクリートでも透水性が大きいものは水密性が劣る．しかしコールドジョイントやひび割れなどの欠陥部があれば，その部分の透水性の方がはるかに大きいので，健全なコンクリートであれば水密性の低下はほとんど考慮する必要はない．

　コンクリートは熱伝導率が小さく熱による劣化が非常に遅いため耐火性能(fire-resisting)の高い材料である．このため火災時においては，内部の鉄筋を熱から保護する役割をもっている．しかし，長時間高温にさらされると部材表面のコンクリートが割れて剥落したり，高強度コンクリートや軽量骨材を使用した場合には，内部の水分の気化にともなう膨張圧から爆裂現象を起こすことがあるので注意が必要である．

2.5　コンクリートの製造

2.5.1　調　合

　鉄筋が規格化されたいわばレディーメイド製品であるのに対し，コンクリートは，強度や施工性，環境条件に応じて生産されるオーダーメイド製品である．したがって，コンクリートに要求される品質を設定し，必要な性能を有するコンクリートを製造するために，材料を選定し，混合割合を定めることが大変重要である．この材料選定と混合割合の決定を調合(mixing)という．

　コンクリートの調合の決定手順を図2.12に示す．構造体に打設されたコンクリートの圧縮強度が設計基準強度を下回ることがないように，あらかじめ気温，施工および製造上のばらつきを考慮した調合強度を計画(計画調合という)し，これに基づいて生コン工場へ発注する「呼び強度」(設計基準強度に気温による強度の補正値を加えたもの)を定める．ただし，「呼び強度」は「JIS A 5308(レディミクストコンクリート)」の規格で用いられているコンクリートの強度区分を示す用語であり，単位はない．

第2章 コンクリート

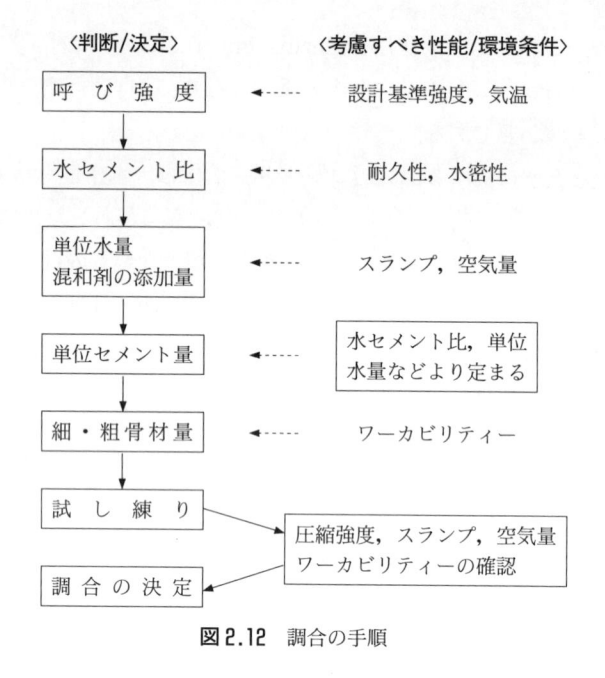

```
〈判断/決定〉              〈考慮すべき性能/環境条件〉

┌──────────┐
│ 呼 び 強 度 │ ◄------  設計基準強度，気温
└──────────┘
     ↓
┌──────────┐
│ 水セメント比 │ ◄------  耐久性，水密性
└──────────┘
     ↓
┌──────────┐
│  単位水量   │
│混和剤の添加量│ ◄------  スランプ，空気量
└──────────┘
     ↓
┌──────────┐          ┌──────────────┐
│単位セメント量│ ◄------  │水セメント比，単位│
└──────────┘          │水量などより定まる│
     ↓                 └──────────────┘
┌──────────┐
│ 細・粗骨材量│ ◄------  ワーカビリティー
└──────────┘
     ↓
┌──────────┐          ┌──────────────────┐
│ 試 し 練 り │ ------►  │圧縮強度，スランプ，空気量│
└──────────┘          │ワーカビリティーの確認   │
     ↓                 └──────────────────┘
┌──────────┐
│ 調合の決定 │
└──────────┘
```

図2.12 調合の手順

　コンクリート強度とセメント水比(水セメント比の逆数)が線形の関係にあることを利用して所要の強度に応ずるセメント水比を求め，その逆数として水セメント比を定めるが，その際耐久性から定まる最大水セメント比を上回らないように注意が必要である．必要なスランプとワーカビリティーを確保できる範囲で，できる限り小さな単位水量を選ぶのがよい．また，同様にワーカビリティーを確保できる細骨材量と粗骨材量を定める．所要空気量などを考えて，必要に応じて混和材料の種類と量を定めて試し練りを行い，コンクリートの品質が満足されていれば製造を開始する．

2.5.2 試　験

　製造中も必要に応じて，スランプや空気量の試験(testing)を行い正常に製造が行われていることを確認するとともに，圧縮強度を確認するための試験用の供試体(test piece)を作成する．一般に圧縮強度試験は，使用するコンクリートと同じコンクリートで製作された供試体を用いて行われる．コンクリートは，試験材齢と試験までの間の保存状態(養生)によって性質が異なる．
　コンクリートの製造品質の確認やコンクリートのポテンシャルの圧縮強度を

知る場合には，20°Cの水中で28日間保存した(標準水中養生・材齢28日養生)試験体を，また，型枠をはずす場合やプレストレスを導入する場合など，構造体コンクリートの圧縮強度を確認する必要がある場合には，打設現場において水中で保存(現場水中養生)した試験体を用いて圧縮強度試験を行う．

2.5.3 レディーミクストコンクリート

コンクリートの製造には，大きな施設が必要なので，建築工事では，専門のコンクリート製造会社に委託するのが一般的である．専門会社により製造されたコンクリートをレディーミクストコンクリート(ready-mixed concrete)と呼んでいる．レディーミクストコンクリートの製品規格は，「JIS A 5308(レディーミクストコンクリート)」に規定されている．

2.6　コンクリートの施工

鉄筋コンクリート建物1階分の工事の流れを図2.13に示す．鉄筋工事・型枠工事は，柱や梁などの鉄筋を加工し組み立てた後にその周囲に型枠を設置し，型枠の位置を固定するための支保工を組み立てる工程で進められる．最近の高層建築物の工事では，型枠工事と並行して鉄筋の加工・組立てを進め，組み上がった型枠の中に部材状に組み立てた鉄筋を吊り込む工法(「先組み」工法)が採用されることが多い．

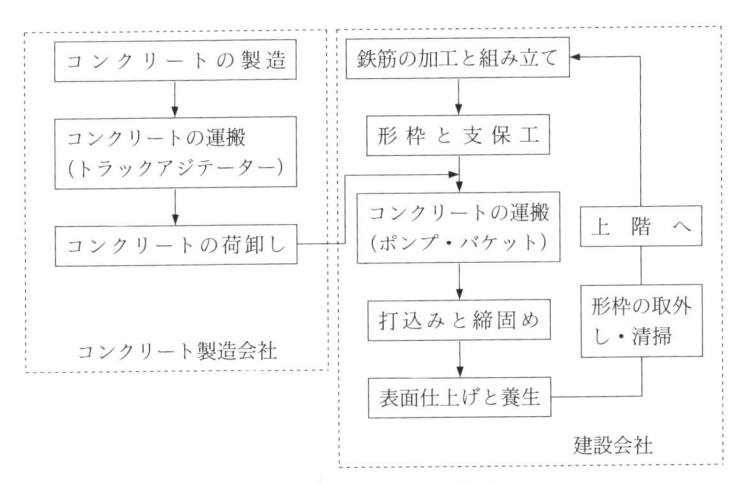

図2.13　コンクリート工事の流れ

コンクリート工事では，レディーミクストコンクリート工場で製造されたコンクリートを現場まで輸送し，型枠内に打設した後養生しながらコンクリートが硬化するのを待つ工程がある．

コンクリートは工場から現場まで，トラックアジテータで輸送された後，現場でおろされる（荷卸し）．荷卸しされたコンクリートは，バケットまたはポンプによって建物内の打設場所へと運搬される．これを場内運搬と呼ぶ．運搬中にコンクリートの分離や空気量の変動でワーカビリティーに変化が生じるので注意が必要である．荷卸しまでが，製造会社の責任範囲であり，荷卸し時点でスランプ，空気量の試験を行うとともに圧縮強度用試験体の試料を採取する．荷卸し以降は施工会社の責任範囲となる．

バケットによる運搬は，コンクリートの品質への影響が少ないが打設に時間がかかる．ポンプによる方法は，連続的に打設を行うことができ施工性に優れているが，コンクリートの流動性が小さいとパイプ内で閉塞しやすく，軟らか過ぎると材料分離が生じやすいことなどの難点がある．ポンプによるコンクリートの運搬には，「コンクリート圧送技士」や「コンクリート圧送施工技能士」などの資格をもつ技術者が担当している．

型枠内へコンクリートを打ち込む場合は，打込み面に近い高さから垂直に落とし，コンクリートの打込み高さが均等になるように横から流さないよう打ち込む．打込みは，締固め作業が無理なく行え，先に打設した下層のコンクリートと一体になるように配慮する必要がある．コンクリートは時間の経過とともに凝結が進むので，通常，製造から90分以内に打込みが終了するようにしている．そのために，コンクリートの製造開始までに現場においては配筋の検査，型枠支保工の点検，型枠内（せき板面）の湿潤化，打込み順序の決定と機械や人員の配置を終わらせておく必要がある．

コンクリートの締固めは，コンクリート中の有害な空隙をなくし，型枠内に万遍なく密実に打設するために行うもので，通常，棒状のバイブレーターを使用してコンクリートに振動を与えて締め固める方法を採用している．下層のコンクリートとの境界面や鉄筋が錯綜している部分では特に注意して締め固めるが，あまり振動を与えると材料分離が生じるので，短時間の振動を数多くの場所で行うのがよい．

打設が終了した段階で，コンクリート表面をこてなどで均して仕上げを行う．コンクリート打設中にブリーディングによって表面に浮き上がってきた水を除去し，所定の平坦さを確保するとともに，打設表面を緻密にしてひび割れを防止することが目的である．上階のコンクリートを打設する場所（打継ぎ面）は，ブリーディングによって水と一緒に浮き出た軽い微粒子や細かなごみ（レイタンスといい，コンクリートの一体化を阻害する層となる）を除去することが重要であるが，表面はある程度粗面になっている方がよい．

コンクリートの水和反応が終了して強度が発現するまでの環境条件は，コンクリートの品質への影響が極めて大きい．この間のコンクリートに対して水和反応に必要な水分の確保と温度条件の維持は極めて重要であり，またコンクリートに振動や外力が作用しないような注意も必要である．

建築では，通常上階へとコンクリートを打ち継いでいくが，広い床面積をもつ建物の場合，打ち込み工区を分割し，ひとつの階を何回かに分けて打設することもある．そのような場合には，梁の中央に打継ぎ目を設定するなど，応力の小さい位置で打ち継ぐことが必要である．

2.7 特殊な考慮を要するコンクリート

2.7.1 暑中コンクリート (hot weather concreting)

気温が高い日にコンクリートを打設する場合，凝結促進によるスランプの低下やコールドジョイントの発生，コンクリート表面からの水分の蒸発や温度応力によるひび割れの発生の恐れが大きく，一般に日平均気温が25℃以上となることが予想される場合にはこれらの現象を配慮する必要がある．

材料に対する配慮としては，材料を日陰に保存する，場合によっては冷やすなどなるべく低温にしておくこと，凝結がゆっくり進行するように遅延形の混和剤を使用することなどが考えられる．調合としては，所定のワーカビリティーが得られる範囲でできるだけ単位水量や単位セメント量を減らすなどの対策がある．施工時には，荷卸し時のコンクリートの温度を35℃以下にすること，運搬時間と打込み時間が短時間となるように計画すること，打込み後のコンクリート表面は直射日光を避けるようにし，常に湿潤状態を保つとともにコンクリート温度が高くならないように養生するなどの注意が必要である．

2.7.2 寒中コンクリート (cold weather concreting)

気温が低い日にコンクリートを打設すると，水和反応の進行が遅く強度発現が遅れて低強度の状態で凍結（初期凍害）する恐れがある．低強度（$5\,\text{N/mm}^2$以下）で初期凍害を受けると強度や耐久性，水密性が低下し，その後適切な養生を行っても回復することがないため，十分な注意が必要である．一般に，打設後 28 日間の日平均気温 (t) が $3.2\,°\text{C}$ 以下（積算温度で $370°\,\text{D}\cdot\text{D}$ 以下；$\text{D}\cdot\text{D}=\Sigma(t+10)$）と予想される場合には寒中コンクリートとしての配慮が必要である．

材料は凍結しないよう，氷雪が混入しないように注意する．コンクリートの温度を確保するために，加熱する場合には水を加熱するのがよい．また，早強セメントや促進型の混和剤を用いるなど，低温時における材料面の水和促進を検討することも必要である．

調合では，AE コンクリートとすること，単位水量をできるだけ小さくすることなどの注意が必要である．

施工では，打込み時のコンクリート温度を $10\,°\text{C} \sim 20\,°\text{C}$ とすることや保温，断熱養生，場合によっては給熱養生を行い，コンクリートの温度を $5\,°\text{C}$ 以上に保ち，圧縮強度が $5\,\text{N/mm}^2$ になるまで凍害を受けないようにすることなどの対策が必要である．

2.7.3 高強度コンクリート (high strength concrete)

近年，圧縮強度が $36\,\text{N/mm}^2$ を超え $60\,\text{N/mm}^2$ 以下の高強度コンクリートに関しては，製造や施工に関する資料とそれを使用した部材の性能に関する資料も整いつつあり実施例も多くなった．高強度コンクリートは，普通強度のコンクリートに比べ，耐久性には優れているが，圧縮強度以外の力学的な性能は圧縮強度に比例して向上するわけではない．

たとえば，破壊は脆性的になり，耐火性も普通強度より低下する場合がある．高強度コンクリートを使用する場合には，製造，施工，設計において，$36\,\text{N/mm}^2$ 以下のコンクリートを使用した場合に比べ十分な注意が必要である．$60\,\text{N/mm}^2$ を超える高強度コンクリートについては，さらに資料が少ないので，設計が要求する性能を満足していることを実験などによって確認することが必要である．

高強度コンクリートは,水セメント比を小さくし,単位セメント量を大きくする必要がある.水和熱によりコンクリート温度が高めになり,普通強度コンクリートと気温の影響が異なり,強度発現が冬季より夏季のほうが悪くなる場合もあるので注意が必要である.調合・施工面では,粉体量が多く水量が少なく粘性が高くなり流動性が悪くなるので,高性能 AE 減水剤やシリカフュームなど特殊な混和材料の使用技術も必要になる場合がある.

2.7.4 その他の特殊な配慮を要するコンクリート

その他の特殊な考慮を必要とする主なコンクリートとしては,マスコンクリート,水中コンクリート,高流動コンクリート,水密コンクリート,遮蔽用コンクリート,凍結融解作用を受けるコンクリート,プレキャスト複合コンクリートなどがある[2-4].各種のコンクリートとそれらの特徴を**表2.3**に示す.

表2.3 いろいろなコンクリートと分類

区分	種類	備考
コンクリートの質量別 (使用骨材別)	普通コンクリート (normal-weight concrete)	普通骨材を用いるコンクリートで気乾単位容積質量がおよそ 2.3 (t/m^3) 前後のもの
	軽量コンクリート (lightweight concrete)	軽量骨材を用いるコンクリートで気乾単位容積質量がおよそ 2.0 (t/m^3) 以下のもの
	重量コンクリート (heavyweight concrete)	骨材に鉄鉱石,重晶石,バライト,鉛など密度の大きい物質を用い,気乾単位容積質量をおよそ 3.0 t/m^3 以上としたコンクリート
製造場所別	レディーミクストコンクリート (ready-mixed concrete)	あらかじめコンクリート製造工場において練り混ぜられるコンクリート
	現場練りコンクリート (site mixed concrete)	建設工事現場において練り混ぜられるコンクリート
使用材料別	人工軽量骨材コンクリート (artificial lightweight aggregate concrete)	軽量コンクリートの内,骨材に人工軽量骨材を使用したコンクリート
	無筋コンクリート (plain concrete (no reinforcement concrete))	捨コンクリートや土間コンクリートなどで,中に補強鉄筋を配していないコンクリート
	膨脹コンクリート (expansive concrete)	主として収縮を制御する目的で膨脹材が添加されているコンクリート
	AE コンクリート (air-entrained concrete)	AE 剤を用い空気を連行させたコンクリート

区 分	種 類	備 考
	プレーンコンクリート (plain concrete)	混和材料を用いていないコンクリート
施工条件別	寒中コンクリート (cold weather concreting)	コンクリート打込み後の養生期間に，コンクリートが凍結するおそれのある場合に施工されるコンクリート（積算温度が370° DD 以下となる期間に適用）
	暑中コンクリート (hot weather concreting)	気温が高く，コンクリートのスランプの低下や水分の急激な蒸発などのおそれがある場合に施工されるコンクリート（日別平滑平年値が 25°C 以上となる期間に適用）
	マスコンクリート (mass concrete)	部材断面の最小寸法が 80 cm 以上で，かつ水和熱によるコンクリートの内部最高温度と外気温との差が 25°C 以上になると予想されるコンクリート
	水中コンクリート (underwater concreting)	水中または安定液中に打込むコンクリート．通常トレミー管などを用いて打込む．
	プレキャスト複合コンクリート (reinforced concrete with half-pre-cast concrete members)	PC 部材と現場打ちコンクリートが一体となったコンクリート
要求性能別	高強度コンクリート (high-strength concrete)	設計基準強度が 36 N/mm^2 を超えるコンクリート
	流動化コンクリート (superplasticized concrete)	あらかじめ練り混ぜられたコンクリートに流動化剤を添加して流動性を増大させたコンクリート
	高流動コンクリート (high fluidity concrete)	コンクリート製造工場で練り混ぜられた，きわめて流動性の高いコンクリート．スランプフロー値で管理される．
	プレストレストコンクリート (prestressed concrete)	PC 鋼材によって，計画的にコンクリートにプレストレスを与えた一種の鉄筋コンクリート
	水密コンクリート (watertight concrete)	特に水密性の高いコンクリート
	海水の作用を受けるコンクリート (concrete exposed to seawater)	海水または海水滴の劣化作用を受けるおそれがある部分のコンクリート
	凍結融解作用を受けるコンクリート (concrete subjected to freezing and thawing)	凍結融解作用により凍害を生じるおそれがある部分のコンクリート

区分	種類	備考
要求性能別	遮蔽用コンクリート (radiation shielding concrete)	主として生体防護のためにγ線・X線および中性子線を遮蔽する目的で用いられるコンクリート
	簡易コンクリート (light grade concrete)	木造建築物の基盤および軽微な構造物に使用するコンクリート
その他	フレッシュコンクリート (fresh concrete)	練り上がり後のまだ固まらないコンクリート

練習問題2

1. コンクリートに必要な性能にはどのようなものがあるか．簡単に説明せよ．
2. ポルトランドセメントにはどのような種類があるか．また，それぞれどのような用途に適しているか．
3. 混合セメントにはどのような種類があるか．また，それぞれどのような用途に適しているか．
4. 骨材に必要な性質にはどのようなものがあるか．
5. 混和材料の種類とそれぞれの特徴について簡単に説明せよ．
6. フレッシュコンクリートに必要な性質について簡単に説明せよ．
7. コンクリートの圧縮強度に影響を及ぼす要因について簡単に説明せよ．
8. 圧縮強度 $27 \mathrm{N/mm^2}$（単位容積質量 $2.4 \mathrm{t/m^3}$）のコンクリートのヤング係数を計算せよ．
9. コンクリートのクリープについて簡単に説明せよ．
10. コンクリートの耐久性に関わる要因について簡単に説明せよ．
11. コンクリートを打設するときの注意について簡単に説明せよ．
12. 暑中にコンクリートを打設する場合の注意について簡単に説明せよ．
13. 寒中にコンクリートを打設する場合の注意について簡単に説明せよ．
14. 高強度コンクリートを製造する場合の注意について簡単に説明せよ．

第3章

補強筋

鉄筋コンクリート造建築物を人体に例えるなら，コンクリートは筋肉であり，補強筋は骨である．丈夫な鉄筋コンクリート造建物を作るためには，補強筋の選択は重要である．

ほとんどの建物では，補強筋として鉄筋が用いられているので，鉄筋の種類と性質について説明した後，最近利用が広まりつつある，連続繊維補強材についても説明する．

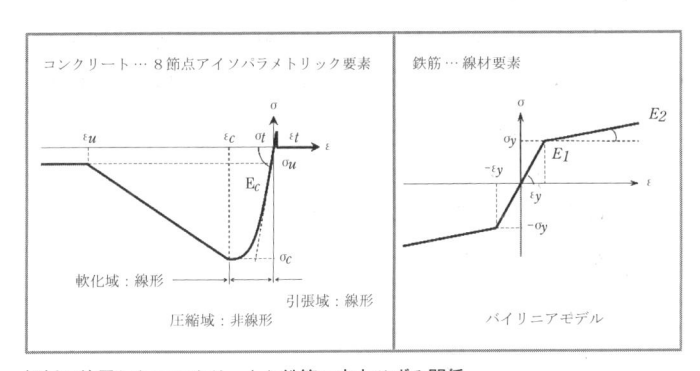

解析で使用したコンクリートと鉄筋の応力ひずみ関係

3.1 鉄筋

(1) 力学的性質

鉄筋コンクリート用の鋼材を鉄筋(steel bar)と総称している．図3.1に鉄筋の引張応力とひずみの関係を模式的に示す．一般的には実線で示したように，初期の応力とひずみの関係は直線であり，この直線の傾きをヤング係数(young's modulus)としている．鉄筋の素材である軟鋼は，ある応力に達したところで，ひずみだけが増え応力は増えなくなる性質をもつ．このときの応力を降伏点と呼び，この水平の部分を降伏棚と呼ぶ．その後ひずみの増加に伴ってふたたび応力が増加し始めるが，この現象をひずみ硬化と呼ぶ．やがて応力が最大となり，ひずみが増加しても応力が低下する現象が見られ，破断に至る．このときの最大応力度を引張強度と呼んでいる．

降伏点が高い鉄筋や降伏応力以上の応力を経験した鉄筋には，明確な降伏点が見られず破線のような応力ひずみ関係を示すものもある．このような鉄筋の場合，除荷したときの残留ひずみが0.2％になる応力を耐力(strength capacity)と呼び，降伏点と同じ扱いをする．本書では，降伏点と耐力を総称して「降伏強度(yield strength)」と呼ぶ．

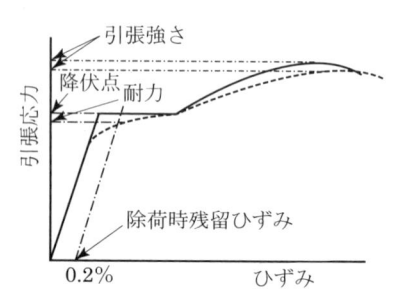

図3.1 鋼材の応力ひずみ関係（模式図）

(2) 形状・種類

鉄筋コンクリート構造に用いられる主な鉄筋は，「JIS G 3112(鉄筋コンクリート用棒鋼)」に規定されている．

鉄筋の形状は，円形断面の丸鋼(plain bar)と写真1.6に示したように表面に突起をつけた異形棒鋼(deformed bar)がある．JIS規格では，鉄筋コンク

表3.1 鉄筋の力学的な性質（JIS G 3112 による）

形状	鉄筋の種類	降伏点 または耐力 (N/mm²)	引張強度 (N/mm²)	伸び (%)
丸鋼	SR 235	235 以上	300～520	20 以上
	SR 295	295 以上	440～600	18 以上
異形 鉄筋	SD 295A	295 以上	440～600	16 以上
	SD 295B	295～390	440 以上	16 以上
	SD 345	345～440	490 以上	18 以上
	SD 390	390～510	560 以上	16 以上
	SD 490	490～625	620 以上	12 以上

伸びについては，鉄筋径の8倍の長さで計測したもので，径が 32 mm を超えるものについては若干小さくなる．

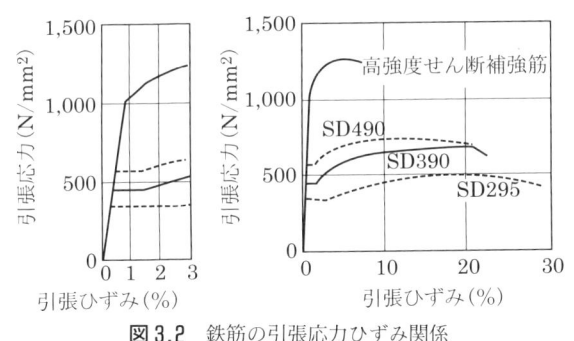

図3.2 鉄筋の引張応力ひずみ関係

リート構造に用いられる鉄筋を棒鋼と呼ぶが，本書では丸鋼と異形棒鋼を総称して鉄筋と呼び，異形棒鋼は異形鉄筋と呼ぶ．鉄筋コンクリート構造では，コンクリートと鉄筋の一体性を重要視しているので，主な鉄筋には異形鉄筋を使用している．

JIS 規格では，鉄筋は形状および降伏強度によって7種類に分類されている．鉄筋の力学的な性質を**表3.1**に示す．このほかに，プレストレス用の PC 鋼材やせん断補強筋として使用される特殊な高強度鉄筋もある．**図3.2**に各種の鉄筋の応力ひずみ関係を比較して示す．一般的に，鉄筋の降伏強度は降伏点の最小規格値より 10～25％ 高い．鉄筋のヤング係数は鉄筋の種類によらず，

42　第3章　補強筋

表3.2　代表的な鉄筋の断面積と周長

呼び名	D 10	D 13	D 16	D 19	D 22	D 25	D 29	D 32	D 35	D 38
断面積 (mm^2)	71	127	199	287	387	507	642	794	957	1140
周　長 (mm)	30	40	50	60	70	80	90	100	110	120

ほぼ一定であり，$200 \sim 210 \, kN/mm^2$ である．高強度鉄筋になるとひずみ硬化に入るときのひずみが小さくなり，破断時の伸びも小さくなる．

異形鉄筋は断面形状が鉄筋の軸方向に一様ではないので，構造計算では呼び名ごとに定められた公称断面積と公称周長を用いる．**表3.2**に代表的な鉄筋の公称断面積と公称周長を示す．

3.2　連続繊維補強材

連続繊維補強材 (continuous fiber reinforced polymer) とは，**写真3.1**に示す，炭素繊維，ガラス繊維，アラミド繊維などの連続繊維をエポキシ樹脂などで固めたものである．これらは，**図3.3**および**写真3.2**に示すように様々な形状に加工することができ，鉄筋の代わりに用いることができる．シート状のものは，既存の鉄筋コンクリート柱に巻きつけて，せん断耐力と靭性性能を改善させ，耐震補強材料として利用される．繊維と樹脂の単位容積質量は鋼材の1/3程度と極めて軽量であり，施工性に優れている．

連続繊維補強材の応力とひずみの関係を**図3.4**に示すが，その力学的な性質の特徴は次のようなものである．

（1）引張強度は，繊維の種類によって幅が広いが，一般に $500 \sim 1,800$ N/mm^2 と鉄筋コンクリート用の鉄筋と比較してかなり高強度である．

（2）ヤング係数は，$30 \sim 210 \, kN/mm^2$ と鉄筋の $0.15 \sim 1.0$ 倍である．異なった繊維を混合して固めることもできるので，ヤング係数を種々設定することもできる．

（3）降伏域がなく，弾性のまま破断に至り，伸びは少ない．

（4）化学薬品に対する耐食性が強く，アラミド繊維も炭素繊維ほどではないが，耐食性はよい．結合材は，経年によって劣化するが，コンクリー

3.2 連続繊維補強材　43

写真 3.1 炭素繊維[3-1]

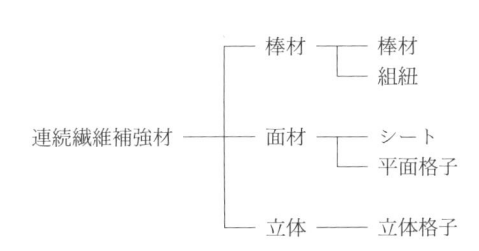

図 3.3 連続繊維補強材の製品状態

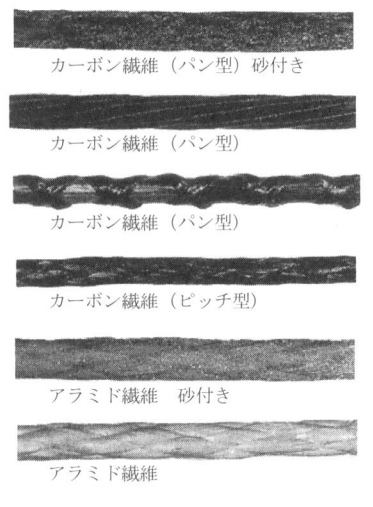

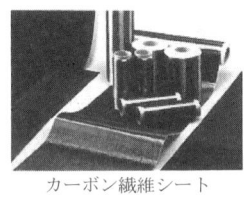

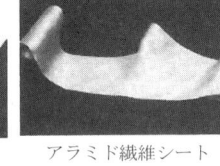

```
                    ┌─ 棒材 ──┬─ 棒材
                    │         └─ 組紐
連続繊維補強材 ──┼─ 面材 ──┬─ シート
                    │         └─ 平面格子
                    └─ 立体 ─── 立体格子
```

- カーボン繊維（パン型）砂付き
- カーボン繊維（パン型）
- カーボン繊維（パン型）
- カーボン繊維（ピッチ型）
- アラミド繊維　砂付き
- アラミド繊維
- 異形鉄筋

- カーボン繊維シート
- アラミド繊維シート
- 組み立てた繊維補強筋
- 格子状の面材にした繊維補強筋

写真 3.2 加工した連続繊維[3-2]

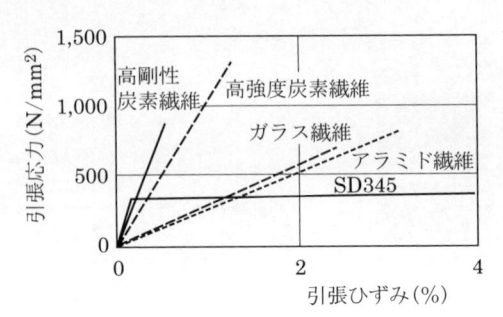

図3.4 連続繊維の引張応力ひずみ関係

ト中では，アルカリにも塩化物にも劣化することはなく，強度低下をもたらすような腐食は生じない．ガラス繊維はアルカリに侵されるので，耐食性は炭素繊維ほど高くない．

（5） 結合材に用いられている樹脂は耐火性が低いので，連続繊維補強材としての耐火性は低い．

以上のような性質から，建築材料としては，軽量，高強度で耐食性が強いという利点はあるが，靭性に乏しく耐火性が低いこと，また，わずかな傷で強度が低下する恐れがあるなどの弱点がある．現状では，既存柱の補修，補強としての利用が最も多い．しかし，非磁性であることから金属材料が使用できない場所での利用が期待されている．

練習問題3

1．SD345 は，異形鉄筋か丸鋼か．また，規格降伏点はいくつか．
2．鉄筋のヤング係数はいくつか．
3．連続繊維補強材の特徴を簡単に説明せよ．

第4章
鉄筋コンクリート造建築物の構造設計

　建築物の構造設計は，その建物の発注者から提示された性能を具体的に保証することである．提示された性能を保証するためには，構造形式や材料に関する知識と理解が必要である．

　本章では，建築物に要求される性能について説明し，次に，鉄筋コンクリート構造として建築物を設計したときに，提示された性能を満足していることの検証の手順について説明している．

　さらに，検証の過程における本書の利用の仕方について，簡単に述べ，例題としての建物を示している．本書では，この章で提示された例題について，終局状態と許容応力度設計を各部位ごとに順を追って検証していくことになる．

3層立体骨組みの実験

4.1 鉄筋コンクリート造建築物に必要な構造性能

建築物に必要な性能は，安全で快適であることであり，常時使用していて支障がなく，突発的な事故や災害に対しても安全でなければならない．構造設計とは，施主の希望のもとに建築物の構造設計目標を設定し，設計した建築物がこれらの性能を満足していることを検証することである．

建築物の構造設計の流れを図 4.1 に示す．目標性能を設定することは，外力に対して変形や応力などの限界値を設定することである．そこで，最初に外力の正確な評価と設定，および，構造物の適正なモデル化が重要である．次に，外力の設定やモデルに適応した解析手法の選定と解析結果より得られる応力と変形の評価が重要である．

考慮すべき外力は，常時作用している常時荷重と，突発的に作用する非常時荷重とに分けられる．常時荷重には，建築物そのものの重さ（固定荷重；dead load），家具や人間など建築物を利用しているものの重さ（積載荷重；live load）があるが，水圧や土圧なども考えられる．建築物を長期間使用しても劣化しない耐久性能も必要であるが，これも環境条件を常時荷重として考えることもできる．非常時荷重としては，地震や風が主なものであるが，火災なども考慮する必要がある．積雪は非常時荷重であるが，多雪地域では常時荷重として考慮する場合もある．また，設計時には考えられないほどまれに発生する偶

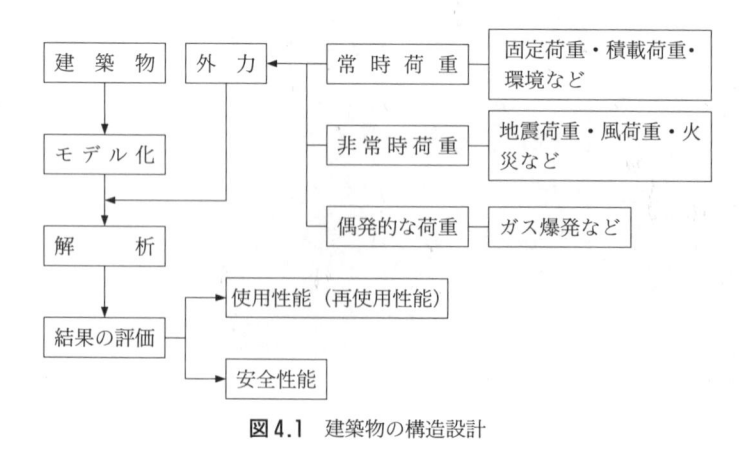

図 4.1 建築物の構造設計

発的な現象に対しても，建物が崩壊してしまうことがないように配慮することも必要である．

考慮すべき性能として，常時荷重に対しては使用性能(serviceability)と安全性能(safety)であり，非常時荷重に対しては安全性能と再使用性能(修復性能；restorability)があげられる．

4.2 鉛直荷重

固定荷重や積載荷重等の鉛直荷重(vertical load)に対して設定すべき性能は，使用性能と安全性能であるが，使用性能を満足することで，安全性能も満足していると考える場合が多い．

鉛直荷重に対して設定すべき項目は，変形やひび割れ幅，振動であり，常時荷重である鉛直荷重に対してこれらを求めるためには，コンクリートのひび割れなどの非線形性だけでなく，長期的な変形であるクリープや乾燥収縮などを考慮する必要がある．しかし，一般的には，建築構造物は不静定次数が高く，長期的な変形やひび割れ幅を正確に求めることは容易ではないので，弾性に基づく応力解析を行い，構造部材各部に生じる応力がある値(長期許容応力度と呼ぶ)以下であることをもって検証に代えることとしている．

「建築基準法」や日本建築学会「鉄筋コンクリート構造計算規準」では，長期許容応力度を材料や応力(圧縮，引張り，せん断，付着)ごとに，長期的な安全性を考慮して定めている．さらに，この弾性解析による検証だけでは不十分な点もあるので，これらの基・規準では，別に構造規定を設けている．くわしくは5章以降で説明する．

4.3 地震荷重

非常時として考慮すべき外力としては，地震荷重(seismic force)，風荷重(wind pressure)，火災(fire)などがあげられる．鉄筋コンクリート構造物は重量が大きいので，地震荷重に対する性能確認を行うことで，風荷重に対する確認を省略できる場合が多い．火災に対しても，1章で述べたように，2時間ないし3時間の火災に対して鉄筋の温度があまり高くならないようなかぶり厚さ(cover)を確保することで検証を省略している．

地震荷重に対する目標性能として，一般的には，2段階で検証している．建築物の供用期間中に何度か遭遇するであろう程度の地震荷重(中小地震動)に対しては，地震後の修復にあまり費用をかけることなく使用できる(再使用性能)こと，供用期間中には遭遇する可能性がほとんどない程度の地震荷重(大地震動)に対しては，建築物の財産価値がなくなるかもしれないが人命は安全に保護できる(安全性能)ことを目標性能としている．

中小地震荷重の大きさは，建築基準法に規定されており，その大きさの地震荷重に対し，弾性解析を行い，構造部材各部に生じる応力がある値(短期許容応力度と呼ぶ)以下であることをもって検証に代えるのが一般的である．短期許容応力度も建築基準法や鉄筋コンクリート構造計算規準で規定されているので，5章以降で説明する．

大地震動時に対する安全性能の確認は，弾塑性解析によって，建築物の水平力に対する終局耐力(保有水平耐力)を確認し，これが必要水平保有耐力以上であることを確認することとしている．必要保有水平耐力は，建築物における耐震要素の変形性能の大きさによって異なっていて，変形性能の大きな部材から構成されている建築物は，必要保有水平耐力は小さくてもよいこととなっている．これは，図4.2 に示すように，部材が地震時に吸収できるエネルギーは，部材の耐力と変形能の積であり，このエネルギーの総和が地震によって建築物に作用するエネルギーより大きければよいと考えているからである．

中小地震に対する検証を一次設計，大地震動に対する検証を二次設計と呼ぶが，このような許容応力度設計と保有耐力計算による検証だけでは，不十分な点も多々あるので，鉛直荷重に対する検証と同様に「建築基準法」や「鉄筋コ

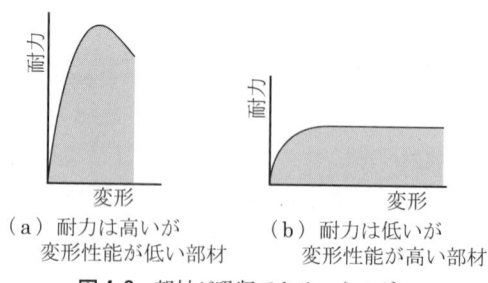

(a) 耐力は高いが変形性能が低い部材

(b) 耐力は低いが変形性能が高い部材

図4.2 部材が吸収できるエネルギー

ンクリート構造計算規準」では，別に変形限界や構造規定を設けている．

　地震荷重に対する性能確認の方法として，この検証法とは別に，建築物を等価1質点に置換して加速度スペクトル（減衰定数が一定で固有周期の異なる1質点系の構造物に地震動を入力したときに，その構造物に発生する加速度の最大値と固有周期の関係）から計算した応答を用いて検証する限界耐力法や，建築物を多質点に置換，あるいは，平面および立体のラーメン構造モデルのまま，時刻歴応答解析によって検証する方法も行うことができる．これらの方法によれば，地震動の大きさと建築物の損傷程度を検証することができるので，地震動の大きさと修復に必要な費用との関係を求め，建築物の修復性能を明示することもできる．

4.4　耐久性能（環境）

　コンクリート造建築物の建設には，非常に多くの材料を使用する．地球規模の環境問題から，炭素の排出量を削減することを要求されている現在，建築物の供用年数を長くすることが最も地球環境に望ましいといえる．このような状況において，コンクリート建築物の耐久性 (durability include performance for environmental action) は，重要な性能項目としてあげられている．

　コンクリート造建築物の耐久性に関しては，部位，部材に関わらず，材料としての劣化問題に帰着することが多い．材料の劣化に起因する建築物の使用性に関する性能項目には，変形，磨耗，振動，断熱，遮音，防水，気密などがあげられる．一般的には，常時使用下における梁や床スラブのたわみと振動，外壁や屋根の漏水があげられる．漏水量はひび割れ幅の3～4乗と水圧に比例し，コンクリートの厚さに反比例するといわれている．通常の雨に対して漏水が生じないひび割れ幅の限界は 0.15 mm 程度とされているが，床面の凹凸やひび割れの形状など条件によって異なってくる．材料の劣化に起因する建物の安全性能には，建築物自身の耐力の低下だけでなく，コンクリート片が剥落して落下するなど住人や通行人など第三者に対する危険性も含まれている．

　コンクリートの劣化の原因の多くはひび割れに起因しており，鉄筋の劣化のほとんどは腐食によるものである．コンクリートのひび割れは鉄筋の腐食を引き起こし，鉄筋の腐食はコンクリートのひび割れを誘発するなど，相互に密接

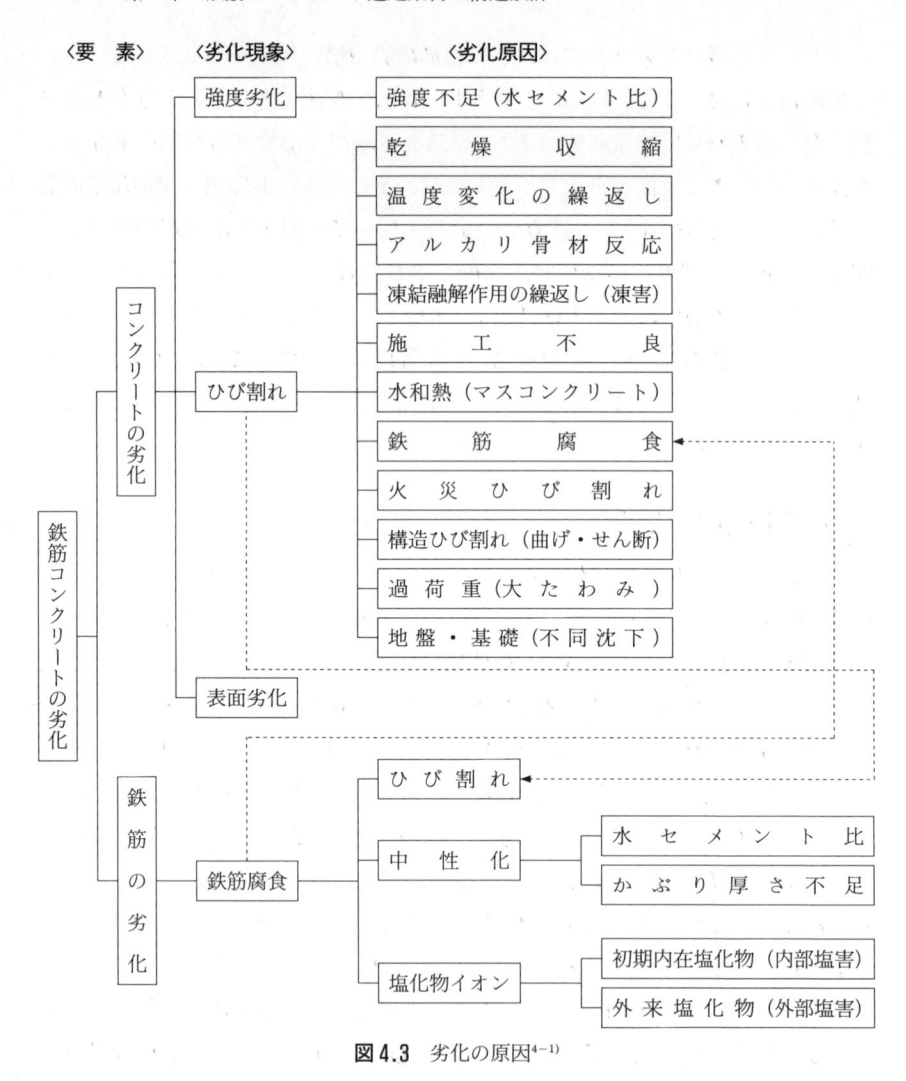

第4章 鉄筋コンクリート造建築物の構造設計

〈要　素〉　　〈劣化現象〉　　　〈劣化原因〉

```
鉄筋コンクリートの劣化
├─ コンクリートの劣化
│   ├─ 強度劣化 ── 強度不足（水セメント比）
│   ├─ ひび割れ ─┬─ 乾　燥　収　縮
│   │           ├─ 温度変化の繰返し
│   │           ├─ アルカリ骨材反応
│   │           ├─ 凍結融解作用の繰返し（凍害）
│   │           ├─ 施　工　不　良
│   │           ├─ 水和熱（マスコンクリート）
│   │           ├─ 鉄　筋　腐　食 ┈┈┐
│   │           ├─ 火　災　ひ　び　割　れ
│   │           ├─ 構造ひび割れ（曲げ・せん断）
│   │           ├─ 過荷重（大たわみ）
│   │           └─ 地盤・基礎（不同沈下）
│   └─ 表面劣化
└─ 鉄筋の劣化
    └─ 鉄筋腐食 ─┬─ ひび割れ ←┈┈┈┈┘
                ├─ 中性化 ─┬─ 水セメント比
                │         └─ かぶり厚さ不足
                └─ 塩化物イオン ─┬─ 初期内在塩化物（内部塩害）
                                └─ 外来塩化物（外部塩害）
```

図 4.3　劣化の原因[4-1]

に関係している．ひび割れと鉄筋腐食の原因を**図 4.3**に示す．

　ひび割れの原因の多くは，当初の施工における不注意にある．鉄筋コンクリート構造計算規準では，入念に施工されたコンクリート構造物であることを前提に，100年程度では安全性が損なわれないように，かぶり厚さなどの構造規定が定められている．一旦構造劣化を生じたコンクリート構造物を補修補強

して当初の耐力に復元させるには，多大な費用と労力を要するので，環境に配慮した設計とともに，施工に当たっては充分な注意が肝要である．

4.5 構造設計

4.5.1 鉄筋コンクリート造建築物の構造要素

鉄筋コンクリート造建築物の構造概要を**図 4.4** に示す．積載荷重（居住者や家具など）である鉛直荷重は，スラブ（床・屋根）で支持されて，スラブは梁（大梁・小梁）で支持される．小梁は大梁に，さらに大梁は柱と壁に支持されて基礎へと伝えられる．

地震荷重や風荷重などの水平荷重は，柱や壁で支持されている．床スラブは，長期荷重である鉛直荷重に対して設計するが，地震時には面内の剛性を確保して，水平荷重を柱や壁に均等に伝達する役割ももっている．柱や梁，耐震壁，基礎は鉛直荷重だけでなく，水平荷重に対しても設計しなければならない．

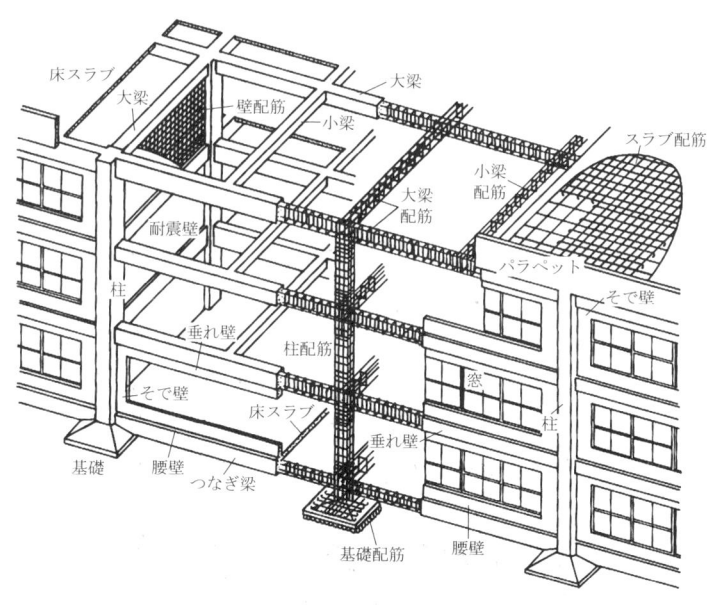

図 4.4 鉄筋コンクリート構造図

4.5.2 応力と変形の計算

鉄筋コンクリート造建築物は，図4.4で示したように，不静定構造物である．このような不静定構造物の構造解析では，部材を線材に置換したうえで，部材の曲げ剛性，せん断剛性および軸方向剛性に基づいて各部の応力を計算する．

長期荷重時に発生している応力に対しては，クリープ変形を別にして，部材剛性はほぼ弾性であると考えてもよい．しかし，地震動などを対象とした短期荷重時には，コンクリートに局所的なひび割れが発生し，弾性剛性より低い剛性となっている．

不静定構造物では，部材の応力は，部材の剛性に依存しており，部材剛性が変化すれば部材各部の応力も変化する．長期荷重時だけでなく中小地震時の検討に際しても，材料の許容応力度にある程度の安全率を見込んでいることや鉄

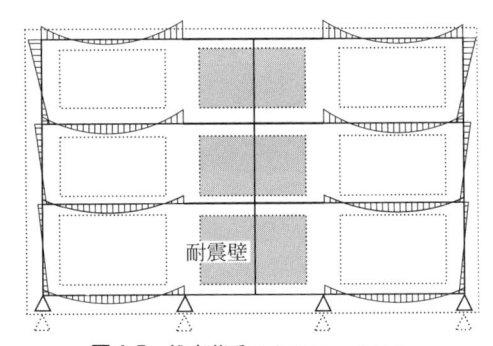

図4.5 鉛直荷重によるモーメント

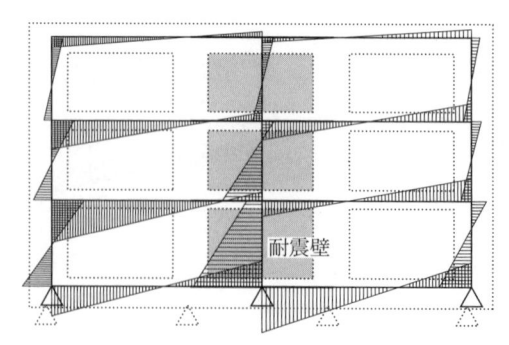

図4.6 水平荷重によるモーメント

筋の降伏を認めないことなどから，建物全体および各部の応力と変形は，全断面有効と考えた弾性剛性に立脚した計算によってもよい．**図 4.5**，**図 4.6** に鉛直荷重作用時と水平荷重作用時における柱と梁の曲げモーメント図を示す．

4.5.3 部材のモデル化

部材は線材に置換するが，柱と梁の接合部や，腰壁や垂れ壁が材に接する部分が，材の応力に及ぼす影響については，これらの部分を曲げ変形もせん断変形も生じない剛域とするか，あるいは，曲げ変形は生じないがせん断変形は生じる領域とするなど，適当な変断面材として算定すればよい．

床スラブは梁と一体となって作用するので，梁の曲げ剛性やせん断剛性を計算する際にはこの一体性を考慮し，T形の断面をした梁と考えてよい．梁と一体と考えられる床スラブの影響範囲を協力幅と呼び，梁幅に床スラブの梁両側あるいは片側の協力幅を加えたものを有効幅と呼ぶ．

4.5.4 構造設計における注意

構造解析によって得られた応力に対し，必要な配筋計算をするだけでは，すなわち，応力解析と断面算定だけでは構造設計として不十分であることに留意しておかなければならない．

地震力は，**図 4.7** に示すように，任意の方向から作用するが，立体で解析するのは難しいので，一般的には，構造物を桁行き方向と梁間方向に分解して，それぞれ独立に図 4.6 に示すように，平面骨組みとして一方向で行うのが一般的である．しかし，構造設計では 2 方向に対して設計していることを忘れてはならない．建築物の隅の柱は，2 方向の応力が同時に作用することの影響が大きく表れるし，配筋も桁行き方向と梁間方向の鉄筋が錯綜することに注意する

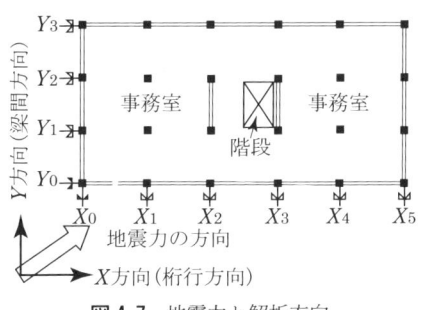

図 4.7 地震力と解析方向

必要がある．配筋が密になるとコンクリートが充填されない個所も出てくるなど，構造設計の段階から施工性にも十分配慮する必要がある．

良質な鉄筋コンクリート造建築物を設計するためには，単なる構造計算だけではなく，施工性や配筋方法まで見通しておくことが重要である．日本建築学会では，「建築工事標準仕様書」や「鉄筋コンクリート造配筋指針」などを用意しているので参考にしてほしい．

4.5.5 構造設計における本書の位置付け

本書は，鉄筋コンクリート部材の力学的な挙動の説明を主体とし，さらに，その力学性能を構造設計と構造計算にどのように生かしているかを説明したも

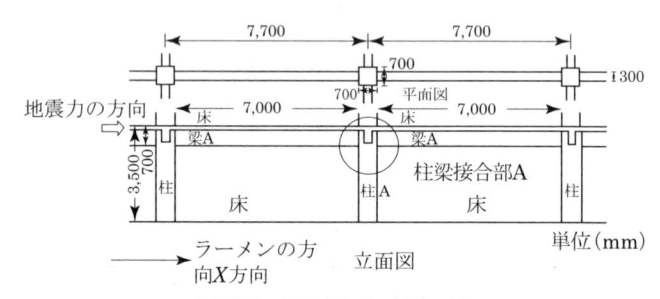

図 4.8 （例題図１）骨組み図

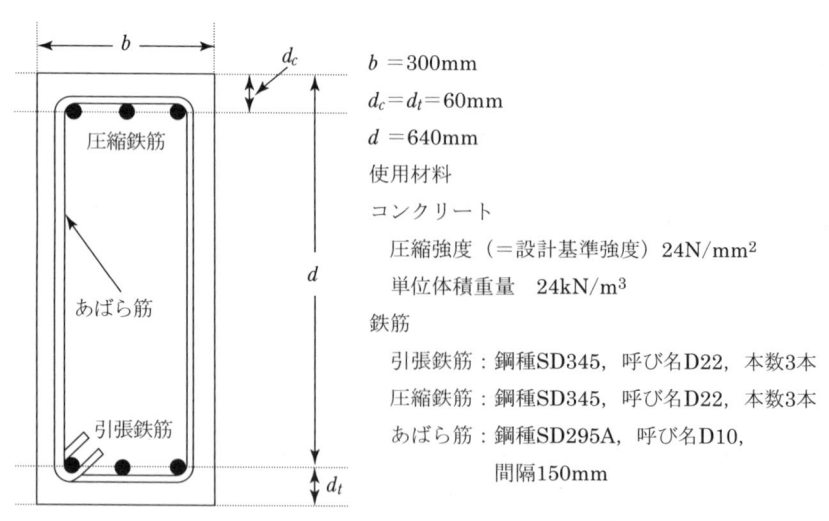

$b = 300$mm
$d_c = d_t = 60$mm
$d = 640$mm

使用材料

コンクリート
　圧縮強度（＝設計基準強度）24N/mm^2
　単位体積重量　24kN/m^3

鉄筋
　引張鉄筋：鋼種SD345，呼び名D22，本数3本
　圧縮鉄筋：鋼種SD345，呼び名D22，本数3本
　あばら筋：鋼種SD295A，呼び名D10，
　　　　　　間隔150mm

図 4.9 （例題図２）梁Aの断面寸法と使用材料

のである．

　本書を読めば，一応の構造計算はできるようになっているが，さらに，部材の耐力計算方法などについて理解を深めるために，例題を用意している．**図4.8**（例題図1）は，建築物の一部を抜き出した図である．**図4.9**（例題図2）と**図4.10**（例題図3）は，図4.8の梁と柱の断面を示している．例題は連続しており，5章からの例題は，すべて図4.8の骨組みに基づいて行うように出題されているので，例題をすべて解き終わると，この骨組みの終局耐力の計算と許容応力度の確認方法が理解できる．

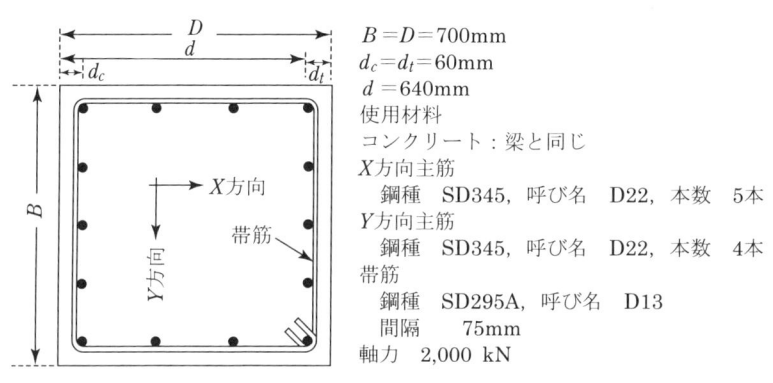

$B = D = 700$mm
$d_c = d_t = 60$mm
$d = 640$mm
使用材料
　コンクリート：梁と同じ
X方向主筋
　　鋼種　SD345，呼び名　D22，本数　5本
Y方向主筋
　　鋼種　SD345，呼び名　D22，本数　4本
帯筋
　　鋼種　SD295A，呼び名　D13
　　間隔　75mm
軸力　2,000 kN

図4.10　（例題図3）柱Aの断面寸法と使用材料

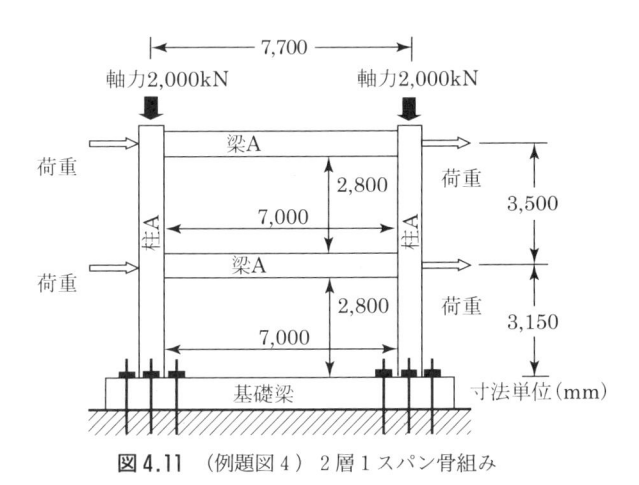

図4.11　（例題図4）2層1スパン骨組み

また，骨組みの保有耐力の計算例として**図4.11**(例題図4)を示している．骨組み全体の保有耐力の計算は大きすぎるので，2層1スパン骨組みに縮小した，実験形式に模式化して出題している．練習問題にも，これらの例題の応用問題を用意しているので，各章の順に計算し，理解を深めることを期待している．

練習問題4

1. 鉄筋コンクリート造建築物に必要な構造性能は何か．
2. 構造設計に際し，考慮しなければならない外力をあげて，簡単に説明せよ．
3. 鉄筋コンクリート構造の地震時の性能について説明せよ．

第5章

曲げモーメントを受ける梁

いよいよ具体的な鉄筋コンクリート造建物の各部材が保有している性能についての説明が始められる．

建築物の最もシンプルで基本的は構造形式は，ラーメン構造であり，構造要素は柱と梁で構成される．柱と梁に作用している応力は，曲げモーメント，せん断力と軸力である．部材には，それぞれの応力が単独に，また，複合して作用している．

本章では，部材に曲げモーメントのみが作用している，最も基本的な状態における部材性能について説明している．部材に作用している曲げモーメントが徐々に大きくなっていくとき，部材には曲げひび割れが発生し，さらには鉄筋の降伏やコンクリートの圧壊へと破壊が進行していくので，その損傷過程について説明し，設計法について説明している．

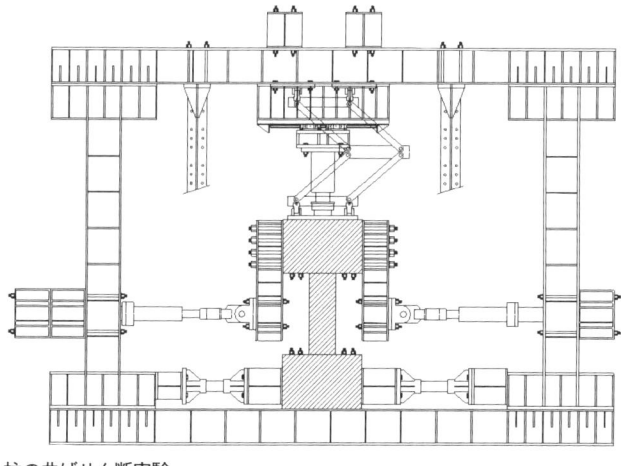

柱の曲げせん断実験

5.1 梁の構造

梁 (beam) の鉄筋は図 4.4 のように配筋される．大梁の断面図を**図 5.1** に示す．大梁のせい (D) は，長期荷重時に有害なひび割れや過大なたわみを生じさせないためにも，ある程度以上必要である．通常，最上階の梁せいは，スパン長さの $1/8 \sim 1/12$ とし，1 階下がるごとに 50 mm 程度大きくしていく．大梁の幅 (b) は，せいの $1/2 \sim 2/3$ 程度で 300 mm $\sim$ 450 mm とする場合が多い．

梁の軸方向に配される鉄筋は，主筋 (flexural reinforcement) と呼ばれ，梁に作用する曲げモーメントを負担する鉄筋である．梁の上側に配筋されるものを上端鉄筋，下側のものを下端鉄筋と呼ぶ．また，曲げモーメントによる引張り応力を負担する鉄筋を引張鉄筋 (tensile reinforcement)，圧縮応力を負担するものを圧縮鉄筋 (compressive reinforcement) と呼ぶ．通常，柱面では上端鉄筋の方が，梁中央では下端鉄筋の方が多く配される．

梁の引張鉄筋量が少ないと，曲げひび割れモーメントが降伏モーメントより大きくなる可能性があり，梁に引張ひび割れが発生すると同時に梁主筋が降伏し，急激な剛性低下や，場合によっては，耐力低下を生じる可能性がある．これを防止するために，長期荷重時に正負最大曲げモーメントを受ける部分の引張鉄筋比は，$0.004bd$ か設計応力によって必要とされる量の $4/3$ 倍のうち，小

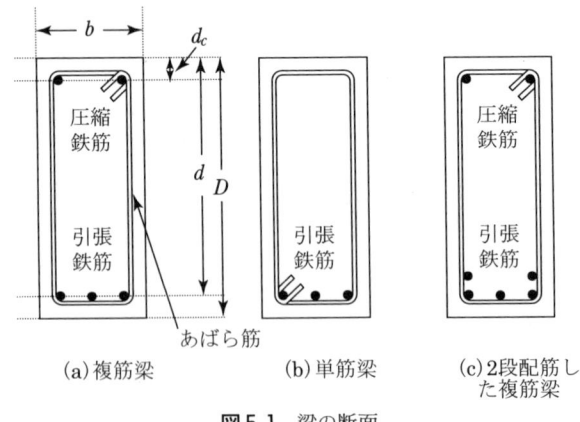

図 5.1 梁の断面

(a) 複筋梁 (b) 単筋梁 (c) 2 段配筋した複筋梁

さい方の値以上とする必要がある．

　引張鉄筋しか配筋されていない梁を単筋梁，引張鉄筋も圧縮鉄筋も配筋されている梁を複筋梁という．鉄筋はコンクリートの引張力を補強するために配筋するので，圧縮鉄筋を配筋しても，釣合い鉄筋比以下の場合，曲げ降伏モーメントに及ぼす影響は少ない．しかし，圧縮鉄筋を配筋することは，長期荷重によるクリープたわみの防止や地震荷重時の変形性能の向上には効果的であるので，主要な梁はすべて複筋梁としなければならない．とくに軽量コンクリートはヤング係数が低く，これを使用した場合にはたわみが大きくなる可能性が高いので，鉄筋軽量コンクリート梁の圧縮鉄筋断面積は所要引張鉄筋断面積の 0.4 倍以上とする必要がある．

　主筋には D13 以上の異形鉄筋を使用する．主筋と主筋とのあきは，コンクリートの充塡に大きな影響があるので，コンクリートの粗骨材の最大寸法以上としなければならない．また，主筋間隔が狭いと付着割裂破壊を生じ，所要の曲げモーメントを保持できなくなる恐れがあるので注意が必要であるが，この破壊形式については付着の項でくわしく述べる．引張鉄筋の本数が多くなり，横一列に並べられないときには，必要なあきを取ってすぐ下に並べて配筋する，2 段配筋とすることもできる．引張鉄筋を 3 段以上並べると，最上段の鉄筋と最下段鉄筋とのひずみ差が大きくなるので避けなければならない．

　主筋と直交方向に配される鉄筋は，せん断補強筋 (web reinforcement) と呼ばれ，主として梁に作用するせん断力を負担する鉄筋である．梁のせん断補強筋を，とくに，あばら筋 (スターラップ；stirrup) と呼ぶ．あばら筋はせん断力を負担するだけでなく，主筋の付着破壊の防止にも効果がある．

　あばら筋は D10 以上の異形鉄筋，または，直径 9 mm 以上の丸鋼を使用しなければならない．梁にはせん断力によるほか，乾燥収縮や不同沈下などによってひび割れが発生する恐れもあり，ある程度の量と剛性を確保しておく必要があるので，あばら筋比は 0.2 % 以上としなければならない．

　あばら筋には主筋の座屈を抑える効果もあり，また，繰返し荷重が作用したときには内部のコンクリートを拘束する効果も期待できるので，間隔は梁せいの 1/2 以下，かつ，250 mm 以下としなければならない．

　あばら筋は引張鉄筋および圧縮鉄筋を包含し，主筋内部のコンクリートを十

分拘束できるように配置し,引張材として確実に定着できるように,その末端を 135°以上に折り曲げて定着するか,または相互に溶接しておく必要がある.

5.2 曲げモーメントを受ける梁の性状

曲げモーメントを受ける梁の力学的な性状を実験で調べるには,**図 5.2** に示すように,両端をピンローラーで支持した梁の中央付近 2 点に鉛直荷重を載荷する方法が,簡便な方法としてよく用いられる.このような載荷方法による梁の曲げモーメント図と変形図を**図 5.3** に示す.

中央の試験部分は,一定の曲げモーメント($M=PL$)となり,ほぼ円弧状の変形をする.試験部分の回転角を試験部分の長さ(L_0)で除したものが平均曲率である.曲げ試験した一例を**写真 5.1** に示す.

試験部分の曲げモーメントと平均曲率の関係を**図 5.4** に示す.曲げモーメン

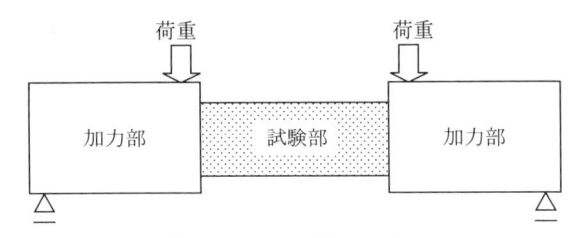

図 5.2 梁の曲げ試験模式図

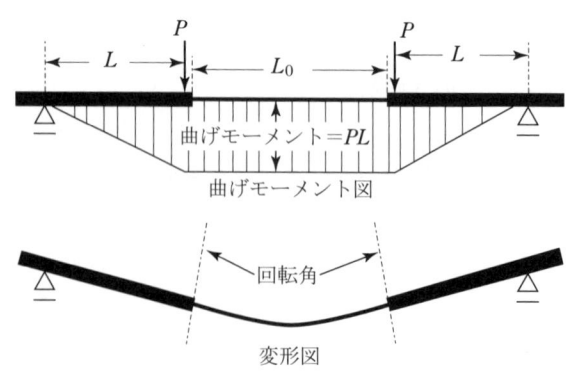

図 5.3 梁の曲げ試験におけるモーメントと変形

トと曲率の関係は，曲げモーメントが小さいうちは直線で弾性の挙動を示すが，すぐにコンクリートの引張側にひび割れが発生し，曲げ剛性が低下し始める．さらに曲げモーメントを増加すると，ひび割れは圧縮側に向かって進展するとともに本数も増加していき，やがて，引張側に配筋されている主筋が降伏する．

その後，曲げモーメントがほとんど増えることなく曲率のみ増大するようになり，コンクリートの圧縮破壊が生じて，曲げモーメントが低下する．曲げモーメントを受ける梁の変形性能は高く，図5.4では降伏のときの5倍の曲率を生じていても，まだ降伏時の曲げモーメントを保持しており，耐力低下が見られていない．

曲げモーメントを受ける梁の力学的な性状を予測するためには，初期の剛性（初期曲げ剛性），ひび割れが発生するときの曲げモーメント（曲げひび割れモーメント）および主筋が降伏するときの曲げモーメント（降伏曲げモーメント）と曲率（降伏時曲率）を計算することが必要である．

写真5.1 梁の曲げ試験最終破壊状況[5-1]

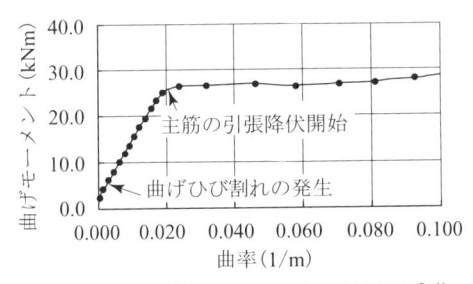

図5.4 梁の曲げモーメントと曲率の関係[5-1]

5.3 初期曲げ剛性と曲げひび割れモーメント

5.3.1 初期曲げ剛性

曲げひび割れ発生までの鉄筋コンクリート梁は弾性体として扱うことができる．弾性体の梁の曲げ剛性は，材料のヤング係数(E)と断面二次モーメント(I)の積(EI)で表すことができる．しかし，鉄筋コンクリート梁は，鉄筋とコンクリートとの複合構造であり，鉄筋のヤング係数がコンクリートのヤング係数の約10倍であることを考慮しなければならない．鉄筋のヤング係数($_sE$)をコンクリートのヤング係数($_cE$)で除したものをヤング係数比(n)と呼び，鉄筋の位置に鉄筋断面積をn倍した面積のコンクリートがあるものと考えて断面二次モーメントを計算する．こうして計算した断面二次モーメントを等価断面二次モーメント(I_e)と呼ぶ．

鉄筋コンクリート梁の初期曲げ剛性(elastic flexural rigidity)は，コンクリートのヤング係数と等価断面二次モーメントの積($_cEI_e$)で表すことができる．通常の建築物の場合，鉄筋断面積はコンクリート断面積に比べて小さいので，全断面をコンクリートと考えて計算した断面二次モーメント(I_o)を使用して求めた$_cEI_o$を使用することも多い．

例題 5.1

図4.8(例題図1)の梁Aに使用しているコンクリートのヤング係数を計算せよ．
【解答】 図2.10よりヤング係数$_cE$は

$$_cE = 3.35 \times 10^4 \left(\frac{\gamma}{24}\right)^2 \left(\frac{_c\sigma_B}{60}\right)^{\frac{1}{3}}$$

$$= 3.35 \times 10^4 \left(\frac{24}{24}\right)^2 \left(\frac{24}{60}\right)^{\frac{1}{3}}$$

$$= 2.47 \times 10^4 \text{N/mm}^2$$

ヤング係数は 24.7kN/mm². 式(5.16)も参照のこと．

例題 5.2

図4.8(例題図1)の梁Aの等価断面積を計算せよ．
【解答】 等価断面積とは，鉄筋をすべてコンクリートに置き換えたときの断面積で

5.3 初期曲げ剛性と曲げひび割れモーメント

ある．長さ l の鉄筋コンクリート梁を δ 縮ませるのに必要な力を N とすると，同じ長さ l の無筋コンクリート梁が同じ力 N で縮み量が同じ δ となるときの断面積のことをいう．

長さ l の鉄筋コンクリート梁を δ 縮ませるのに必要な力 N を計算する．

長さ l の梁が δ 縮んだので，この梁の圧縮ひずみ (ε) は，$\varepsilon = \delta/l$

鉄筋とコンクリートは一体として変形するので，ひずみは等しい．

鉄筋を縮ませる力

$$_sN = (\text{鉄筋のヤング係数}(_sE)) \times (\text{鉄筋のひずみ}(\varepsilon)) \times (\text{鉄筋の断面積}(_sA))$$

コンクリートを縮ませる力

$$_cN = (\text{コンクリートのヤング係数}(_cE)) \times (\text{コンクリートのひずみ}(\varepsilon)) \\ \times (\text{コンクリートの断面積}(_cA))$$

梁を縮ませる力は，鉄筋を縮ませる力とコンクリートを縮ませる力との和である．

$$N = {_sN} + {_cN} = {_sE} \times {_sA} \times \varepsilon + {_cE} \times {_cA} \times \varepsilon$$
$$= ({_sE} \times {_sA} + {_cE} \times {_cA}) \times \varepsilon$$

一方，等価断面積 A_e の無筋コンクリートの梁も，同じ力で同じひずみとなっているので，

$$N = {_cE} \times A_e \times \varepsilon$$
$$N = {_cE} \times A_e \times \varepsilon$$
$$= ({_sE} \times {_sA} + {_cE} \times {_cA}) \times \varepsilon$$
$${_cE} \times A_e = {_sE} \times {_sA} + {_cE} \times {_cA}$$

等価断面積 A_e は

$$A_e = ({_sE} \times {_sA} + {_cE} \times {_cA}) \frac{1}{_cE}$$
$$= \frac{_sE}{_cE} {_sA} + {_cA} = n {_sA} + {_cA}, \quad n = \frac{_sE}{_cE}$$

$_cA = b \times D - {_sA}$ なので，

$$A_e = n \times {_sA} + {_cA} = n \times {_sA} + b \times D - {_sA}$$
$$= (n-1) \times {_sA} + b \times D$$

等価断面積は，鉄筋の断面積を (ヤング係数比 -1) 倍のコンクリート断面積に置換えたものとなる．

鉄筋のヤング係数は，$2.05 \times 10^5 \text{N/mm}^2 = 205 \text{kN/mm}^2$

$$n = \frac{205}{24.7} = 8.30$$

D22 の断面積は 387mm^2 (表 3.2 参照) なので，

$$A_e = (8.30 - 1) \times 387 \times 6 + 300 \times 700$$

第5章 曲げモーメントを受ける梁

$$= 226,951 \text{mm}^2$$

解答では $_cA = b \times D - {_sA}$ としたが，コンクリートと鉄筋の断面積の重複を認め，$_cA = b \times D$ とすると，

$$A_e = n \times {_sA} + {_cA} = n \times {_sA} + b \times D$$
$$= 8.30 \times 387 \times 6 + 300 \times 700$$
$$= 229,273 \text{mm}^2$$

となり，その誤差は1％しかない．

例題5.3

図4.8（例題図1）の梁Aの等価断面二次モーメントを計算せよ．
【解答】 等価断面二次モーメントは，等価断面積で示したように，鉄筋の位置に鉄筋の断面積の$(n-1)$倍のコンクリート断面が集中していると考えて計算する．
　断面二次モーメントの計算は，図のように下端鉄筋が引張り，上端鉄筋が圧縮になるような曲げモーメントを受ける場合について考える．断面は上下対称なので，断面の中央に中立軸があると考えることができる．断面二次モーメントは，鉄筋自身の断面二次モーメントを無視し，中立軸位置から鉄筋までの距離を $_sy$ とすると，

$$I_e = \frac{bD^3}{12} + \sum (n-1){_sA_sy^2}$$
$$= \frac{300 \times 700^3}{12} + 2 \times 3 \times 7.3 \times 387 \times (350-60)^2$$
$$= 1.00 \times 10^{10} \text{mm}^4$$

コンクリートと鉄筋の重複を認めると

$$I_e = \frac{300 \times 700^3}{12} + 2 \times 3 \times 8.3 \times 387 \times (350-60)^2$$
$$= 1.02 \times 10^{10} \text{mm}^4$$

となり2％の誤差となる．

例題5.4

図4.8（例題図1）の梁Aの等価断面係数を計算せよ．
【解答】 等価断面係数は，等価断面二次モーメントを梁全せいの半分で除したものである．

$$Z_e = \frac{I_e}{\frac{D}{2}} = \frac{1.00 \times 10^{10}}{350}$$
$$= 2.86 \times 10^7 \text{mm}^3$$

重複を認めると
$$Z_e = \frac{1.02 \times 10^{10}}{350}$$
$$= 2.91 \times 10^7 \text{mm}^3$$

5.3.2 曲げひび割れモーメント

弾性体の梁の最大引張応力(σ_t)は，式(5.1)に示すように，曲げモーメント(M)を断面係数で除して求めることができる．鉄筋コンクリート梁の曲げによる引張応力は，等価断面二次モーメントから計算した等価断面係数(Z_e)を用いて計算できるが，鉄筋の効果を無視した断面係数(Z_o)を用いて略算することも多い．

$$\sigma_t = \frac{M}{Z_e} \fallingdotseq \frac{M}{Z_o} \tag{5.1}$$

引張応力がコンクリートの引張強度を超えたときに，曲げひび割れが発生する．実験結果で得られた曲げひび割れモーメントから逆算した見掛けの曲げ引張強度は，ほぼコンクリート圧縮強度の平方根に比例し，比例定数は $0.38 \sim 0.75$ となる．曲げひび割れモーメントの平均値は式(5.2)で示される．

$$M_c = 0.56\sqrt{\sigma_B}Z_e \fallingdotseq 0.56\sqrt{\sigma_B}Z_o \tag{5.2}$$

M_c：曲げひび割れモーメント (Nmm)
σ_B：コンクリートの圧縮強度 (N/mm^2)

例題 5.5

図 4.8(例題図 1)の梁 A の曲げひび割れモーメントを計算せよ．

【解答】 式(5.2)参照
$$M_c = 0.56\sqrt{\sigma_B}Z_e = 0.56\sqrt{24} \times 28.6 \times 10^6$$
$$= 0.56 \times 4.90 \times 28.6 \times 10^6$$
$$= 78.4 \text{ kNm}$$

コンクリートと鉄筋の重複を許容すると
$$M_c = 0.56 \times 4.90 \times 29.1 \times 10^6$$
$$= 79.9 \text{ kNm}$$

鉄筋を無視すると

$$M_c = 0.56 \times 4.90 Z_0 = 0.56 \times 4.90 \frac{bD^2}{6}$$
$$= 2.7 \frac{300 \times 700^2}{6} = 66.2 \times 10^6$$
$$= 66.2 \text{ kNm}$$

5.4 曲げ降伏モーメントと最大曲げモーメント

　図5.3の曲げモーメントが一定となっている試験部分から微小区間(Δx)を取り出してみると，**図 5.5(a)**のように変形している．曲げモーメントのみを受けている梁の断面は，常に平面を保持しているので，梁断面のひずみは，図5.5(b)に示すように，梁の幅方向は一定で，せい（高さ）方向に直線的に変化している．ひずみが0の位置を中立軸位置という．

　梁断面に生じている曲げモーメントを計算するためには，このひずみの分布を用いて，梁断面における鉄筋とコンクリートの力の大きさと作用位置を求めなければならない．

　（1）　鉄筋の負担力

　鉄筋の応力とひずみの関係は，3章の図3.1に示したように，降伏点に達するまでは弾性なので，鉄筋の応力度を求めるには，鉄筋のひずみ（$_s\varepsilon_t$ と $_s\varepsilon_c$）に鉄筋のヤング係数を乗じればよい．鉄筋の応力度に鉄筋の断面積を乗じることによって鉄筋が負担している力（図5.5(c)の $_sC$ と $_sT$）が計算できる．鉄筋の負担力が作用している位置は，それぞれ上端鉄筋と下端鉄筋の配筋位置である．鉄筋の降伏後の応力は図3.1より求めることもできるが，ひずみ硬化による応力増加分を無視して，降伏応力のままとすることが多い．

　（2）　コンクリートの負担力

　コンクリートの圧縮応力度とひずみの関係は，図2.9に示したように，非線形で，コンクリートの圧縮強度によって異なるので，圧縮強度とひずみの関数としてモデル化する．このモデルは多くの研究者によって各種提案されている．

　ひび割れ発生後のコンクリートの引張応力は無視できるほど小さいので，コンクリートの負担力は圧縮力だけを考えればよい．コンクリートの圧縮応力度

5.4 曲げ降伏モーメントと最大曲げモーメント

をひずみの関数で定義すれば，これを中立軸位置から圧縮縁まで積分し，さらに，梁幅を乗じて，図5.5(c)の矢印で示した部分の体積を求めれば，これがコンクリートの負担している力（$_cC$）の大きさである．コンクリートの圧縮応力度とひずみの関係が定義されているので，コンクリートが負担している力の作用位置も求めることができる．

断面に作用している鉄筋とコンクリートの負担している力と作用位置が求められれば，断面に作用している曲げモーメントを計算できる．曲率を変数としてこの計算を繰り返していくと，梁の曲げモーメントと曲率の関係が求められ，降伏モーメントおよび最大曲げモーメントを計算できる．しかし，鉄筋降伏後は，図5.4に示したように曲げモーメントの増加は少ないので，降伏曲げモーメントのみ計算することが多い．

梁には軸方向力が作用していないので，上端鉄筋の圧縮力とコンクリートの圧縮力との合力である圧縮合力（C）は，下端鉄筋の負担している引張力と等しい．曲げモーメント（M）は式（5.3）で計算できる．

$$M = Cj = Tj \tag{5.3}$$

鉄筋降伏時には，応力中心間距離（j）は，ほぼ式（5.4）で表すことができるので，降伏曲げモーメントは，式（5.5）によって略算することが多い．

$$j = \frac{7}{8}d \tag{5.4}$$

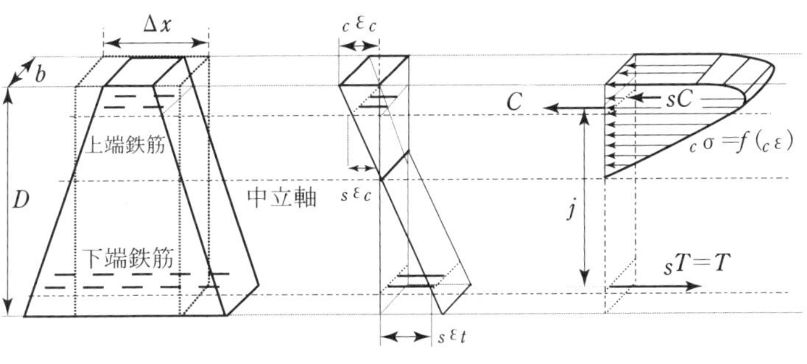

(a) 変形図　　(b) ひずみ分布図　　(c) 応力分布図

b：梁幅，　D：梁せい，　θ：回転角，　$_c\varepsilon_c$：コンクリート圧縮縁のひずみ
$_s\varepsilon_c$：上端鉄筋の圧縮ひずみ，　$_s\varepsilon_t$：下端鉄筋の引張ひずみ
$_c\sigma$：コンクリートの圧縮応力，　$_sC$：上端鉄筋の圧縮力，　$_sT$：下端鉄筋の引張力
C：圧縮力の合力，　T：引張力の合力，　j：応力中心間距離

図 5.5　曲げを受ける梁の変形，ひずみ分布および応力分布

$$M_y = a_{st}\sigma_y \frac{7}{8}d \tag{5.5}$$

d：圧縮縁から下端鉄筋までの距離
M_y：降伏曲げモーメント
a_{st}：引張鉄筋の断面積の総和
σ_y：鉄筋の降伏応力度

引張鉄筋の断面積が大きくなると，鉄筋が降伏する前にコンクリートが圧縮してしまう場合もある．このような壊れ方は，変形性能に乏しい壊れ方となるので，避けることが望ましい．

5.5 許容曲げモーメント

5.5.1 許容曲げモーメント算定の意義

長期間作用する鉛直荷重などの長期荷重や中小地震動による荷重などの短期荷重に対する性能を確認するために，4章で述べたように，弾性に基づく応力解析を行い，各部材に生じる応力がある値（許容応力と呼ぶ）以下であることを確認する．曲げモーメントの許容応力が許容曲げモーメント（allowable moment）である．許容曲げモーメントは，表5.1に示す鉄筋とコンクリートの許容応力度（allowable stress）を用いて，5.4節の手順で計算できる．

梁の長期荷重に対する許容曲げモーメント（長期許容曲げモーメント）は，常時の使用時に過大なひび割れやたわみが生じないよう，また，突発的に過大な荷重が作用しても降伏曲げモーメントに対してある程度の余裕があるように定められている．鉄筋の引張許容応力度は，降伏点の2/3程度であること，梁のひび割れ幅が0.3mm以下となることを基本として定められている．コンクリートの圧縮許容応力度はクリープ変形を考慮して，コンクリートの設計基準強度の1/3に定められている．

梁の短期許容曲げモーメントは，曲げ破壊に対してある程度の余裕を持たせるように定められている．鉄筋は「JIS G 3112」で定められたものを使用するので，降伏後も大きな延性を有している．したがって，曲げモーメントが作用した場合に，主筋が降伏したときのコンクリートの応力が圧縮強度に対して小さければ，主筋が降伏してからコンクリートが圧縮破壊して耐力を失うまで

表5.1 鉄筋とコンクリートの許容応力度 (N/mm²)

材料		長期許容応力度		短期許容応力度	
		圧縮応力	引張応力	圧縮応力	引張応力
鉄筋	SD 295	200	200	295	295
	SD 345	200*¹ 220	200*¹ 220	345	345
	SD 390	200*¹ 220	200*¹ 220	390	390
コンクリート	普通コンクリート	$\frac{1}{3}F_c$*²	—	$\frac{2}{3}F_c$*²	—
	軽量コンクリート				

*1 D29以上の太さの鉄筋の場合
*2 F_cはコンクリートの設計基準強度 (N/mm²)

に大きな靱性を示すこととなる．変形性能も余裕の一つと考えて，鉄筋の短期許容応力度は降伏点とするが，コンクリートの圧縮許容応力度は，脆性的な性状を有するコンクリートの圧縮破壊に対して余裕を持たせるため，コンクリートの設計基準強度の2/3としている．

コンクリートの設計基準強度とは，建築物の設計に際して構造体のコンクリートに期待しているコンクリートの強度であり，設計の基本となるものである．

5.5.2 許容曲げモーメントの計算

（1）基本仮定

鉄筋コンクリート梁の許容曲げモーメントの算定に際し，5.4節で述べたように，最初に，平面保持を仮定し，ひずみ分布を図5.5(b)に示すように直線とする．コンクリートの応力度とひずみの関係は弾性と考える．鉄筋は規格降伏点以下で考えているので，弾性として考える．本来非線形であるコンクリートの応力度とひずみの関係も，許容曲げモーメントの算定に際しては圧縮強度の2/3までしか考えないので，弾性と考えてもよい．

コンクリートの引張強度は小さく，しかも，曲げひび割れ発生後は中立軸近辺にのみ作用しているので，曲げモーメントに寄与する効果は非常に少ないものとなる．また，乾燥収縮などによってコンクリートにはすでに引張応力が存在しており，場合によってはひび割れが発生していることもある．このような

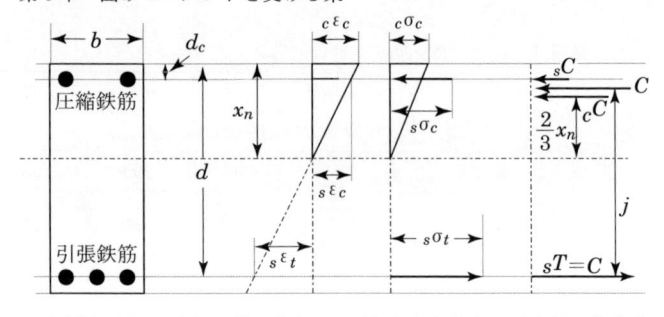

(a)断面図　(b)ひずみ分布　(c)応力度分布　(d)断面力分布
図 5.6 梁の断面と許容曲げモーメント計算時の応力分布

ことから，断面設計においてはコンクリートの引張強度は無視する．

（2）許容曲げモーメントの計算

（1）の仮定に従った断面内のひずみ分布と応力分布および断面内の各材料の負担力分布を**図 5.6**に示す．中立軸回りで表した断面内の各材料の負担力による曲げモーメントを式 (5.6) に示す．

$$M = {}_sT(d-x_n) + {}_sC(x_n-d_c) + {}_cC\frac{2}{3}x_n \tag{5.6}$$

d：圧縮縁から引張鉄筋中心までの距離
d_c：圧縮縁から圧縮鉄筋中心までの距離
x_n：圧縮縁から中立軸までの距離

鉄筋の負担力（${}_sT$ および ${}_sC$）は式 (5.7) および式 (5.8) で計算できる．

$${}_sT = {}_s\sigma_t a_t = {}_sE_s\varepsilon_t a_t = a_t n_c E_s \varepsilon_t \tag{5.7}$$

$${}_sC = {}_s\sigma_c a_c = {}_sE_s\varepsilon_c a_c = a_c n_c E_s \varepsilon_c = a_c n_c E \frac{x_n - d_c}{d - x_n}{}_s\varepsilon_t \tag{5.8}$$

${}_s\sigma_t$：引張鉄筋の応力
a_t：引張鉄筋断面積
${}_sE$：鉄筋のヤング係数
n：ヤング係数比
${}_cE$：コンクリートのヤング係数
${}_s\varepsilon_t$：引張鉄筋のひずみ
${}_s\sigma_c$：圧縮鉄筋の応力
a_c：圧縮鉄筋断面積

$_s\varepsilon_c$：圧縮鉄筋のひずみ

コンクリートの圧縮負担力（$_cC$）は，圧縮鉄筋の断面積分だけ少なくなっていることを無視すれば，式(5.9)で計算できる．

$$_cC = \frac{_c\sigma_c x_n}{2}b = \frac{bx_n}{2}{_cE_c}\varepsilon_c = \frac{bx_n}{2}{_cE}\frac{x_n}{d-x_n}{_s\varepsilon_t} \tag{5.9}$$

b：梁幅
$_c\sigma_c$：圧縮縁のコンクリート応力
$_c\varepsilon_c$：圧縮縁のコンクリートひずみ

ただし，平面保持の仮定から，$_s\varepsilon_t$ と $_s\varepsilon_c$ および $_c\varepsilon_c$ の関係は式(5.10)で与えられる．

$$\frac{_s\varepsilon_t}{d-x_n} = \frac{_s\varepsilon_c}{x_n-d_c} = \frac{_c\varepsilon_c}{x_n} \tag{5.10}$$

この計算では，圧縮鉄筋によるコンクリート断面欠損を無視しているので，圧縮鉄筋の負担力を，式(5.8)の値からコンクリートとして負担している力を差し引いて，下式のように考えるのが正確であるが，この重複が曲げモーメントに与える影響は非常に小さいので，本書では，この重複分は無視していく．

$$_sC = a_c(n-1){_cE}\frac{x_n-d_c}{d-x_n}{_s\varepsilon_t}$$

圧縮力の合力（C）は $_cC$ と $_sC$ の和であるので，式(5.3)（$C=T$）に式(5.7)，式(5.8)および式(5.9)を代入し，$_cE$ と $_s\varepsilon_t$ を消去すると式(5.11)が成立する．

$$a_c n\frac{x_n-d_c}{d-x_n} + \frac{bx_n}{2}\frac{x_n}{d-x_n} = a_t n \tag{5.11}$$

この式は，中立軸距離 x_n の二次方程式となっており，コンクリートのヤング係数と鉄筋のひずみの大きさとは関係なく断面寸法と鉄筋量，ヤング係数比から一義的に定まる．

この二次方程式を解いて，鉄筋量は bd で，x_n と d_c は d で除して，無次元化して示すと，x_n は式(5.12)で与えられる．

$$x_{n1} = np_t\left\{\sqrt{(1+\gamma)^2 + \frac{2}{np_t}(1+\gamma d_{c1})} - (1+\gamma)\right\} \tag{5.12}$$

$x_{n1} = \dfrac{x_n}{d}$, $\quad p_t = \dfrac{a_t}{bd}$, $\quad d_{c1} = \dfrac{d_c}{d}$, $\quad \gamma = \dfrac{a_c}{a_t}$

許容曲げモーメントは，引張鉄筋か圧縮鉄筋もしくは圧縮縁のコンクリートのいずれかが許容応力度に達したときのモーメントであるが，梁の場合，圧縮鉄筋の応力度がもっとも早く許容応力度に達するケースはまれである．

そこで，梁の許容曲げモーメントは，圧縮縁のコンクリートが許容応力度に達したときの曲げモーメント (M_1) と引張鉄筋が許容力度に達したときの曲げモーメント (M_2) の小さい方の曲げモーメントとすればよい．

(1) 圧縮縁のコンクリートが許容応力度に達する場合 ($\sigma_c = f_c$ の場合)

下式より $_cE_s\varepsilon_t$ を求めて式 (5.7)，(5.8)，(5.9) に代入し，さらに，式 (5.6) に代入することにより，式 (5.13) が得られる．

$$f_c = \sigma_c = {}_cE_c\varepsilon_c = {}_cE\frac{x_n}{d-x_n}{}_s\varepsilon_t$$

$$\frac{M_1}{bd^2} = \frac{np_t f_c}{3x_{n1}}\{(1-x_{n1})(3-x_{n1}) - \gamma(x_{n1}-d_{c1})(3d_{c1}-x_{n1})\} \quad (5.13)$$

(2) 引張鉄筋の応力が許容応力度に達する場合 ($\sigma_t = f_t$ の場合)

下式より $_cE_s\varepsilon_t$ を求めて式 (5.7)，(5.8)，(5.9) に代入し，さらに，式 (5.6) に代入することにより，式 (5.14) が得られる．

$$f_t = {}_s\sigma_t = {}_sE_s\varepsilon_t = n{}_cE_s\varepsilon_t$$

$$\frac{M_2}{bd^2} = \frac{p_t f_t}{3(1-x_{n1})}\{(1-x_{n1})(3-x_{n1}) - \gamma(x_{n1}-d_{c1})(3d_{c1}-x_{n1})\} \quad (5.14)$$

(3) 許容曲げモーメントの略算

許容曲げモーメントと引張鉄筋比の関係の例を**図 5.7** に示す．引張鉄筋比 (tensile reinforcement ratio) が低い場合には，許容曲げモーメントは M_2 となり，高い場合には M_1 となる．M_1 と M_2 が等しくなるときの引張鉄筋比を釣合い鉄筋比 (balanced reinforcement ratio；p_{tb}) と呼ぶ．

許容曲げモーメントと鉄筋比の関係は，釣合い鉄筋比の位置で折線となっている．引張鉄筋比が釣合い鉄筋比以下の場合，許容曲げモーメントと引張鉄筋比は線形の関係にあるので，許容曲げモーメントは，略算として，式 (5.5) を用いた式 (5.15) で計算することもできる．

$$M_2 = a_t f_t \frac{7}{8} d \quad (5.15)$$

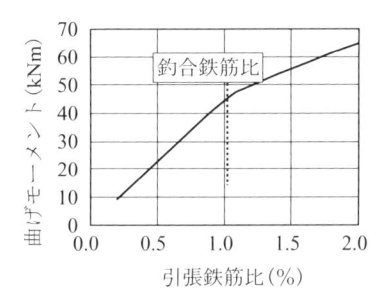

図5.7 許容曲げモーメントと鉄筋比の関係の例

5.5.3 ヤング係数比

鉄筋のヤング係数はほぼ一定であるが，コンクリートのヤング係数は，図 2.10 に示すように，水セメント比や使用骨材の種類によって異なり，かなりのばらつきが見られる．通常，構造計算上では，コンクリートのヤング係数は，式 (5.16) を用いている．

$$_cE = 33{,}500\, k_1 k_2 \left(\frac{\gamma_c}{24}\right)^2 \left(\frac{\sigma_B}{60}\right)^{\frac{1}{3}} \tag{5.16}$$

$_cE$：コンクリートのヤング係数 (N/mm^2)

$k_1,\ k_2$：使用骨材による係数，通常 $k_1 = k_2 = 1.0$

γ_c：コンクリートの単位体積重量 (kN/m^3)

ヤング係数は，作用応力の大きさによっても異なるうえ，建設後の時間経過とともにコンクリートはクリープ変形を生じるので，コンクリートのヤング係数は見かけ上小さくなっていく．したがって，許容曲げモーメント算定に際して，ヤング係数比は，コンクリート強度，コンクリートの種類，長期荷重時か短期荷重時かなどの応力別に考える必要がある．しかし，終局曲げモーメントの観点から見るとヤング係数比の影響は少ないので，長期許容曲げモーメント算定時のヤング係数比の設定が重要となる．

建設後，クリープが生じてコンクリートのヤング係数が小さくなる（ヤング係数比が大きくなる）と，コンクリートの圧縮応力が減少し，圧縮鉄筋の応力が増加する．クリープを考慮しなければ，クリープの進行に伴って，圧縮鉄筋には負担増となり，クリープを考慮して，ヤング係数比を大きくとると，建設後数年間はコンクリートの応力が許容値を超えていて，危険側の評価となる．

表 5.2 許容応力時計算用ヤング係数比

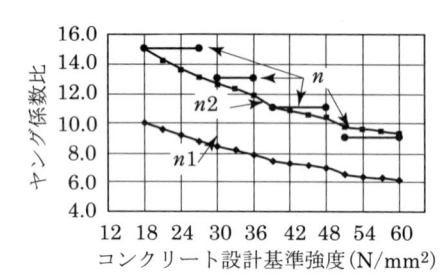

コンクリートの設計基準強度 F_c (N/mm²)	ヤング係数比 (n)
$F_c \leq 27$	15
$27 < F_c \leq 36$	13
$36 < F_c \leq 48$	11
$48 < F_c \leq 60$	9

n：許容応力用ヤング係数比，$n1$：初期ヤング係数比，$n2$：$1.5n1$
コンクリートのヤング係数は式(5.16)による

図 5.8 ヤング係数比とコンクリート設計基準強度の関係

クリープが完全に終了したときには，見掛けのコンクリートのヤング係数比は約2倍となることを考慮して，日本建築学会では，ヤング係数比（n）を初期とクリープ終了後の平均として，初期ヤング係数比の 1.5 倍を目途として，コンクリートの設計基準強度に応じて**表 5.2** のように定めている．**図 5.8** に表 5.2 で定められたヤング係数比を初期のヤング係数比ならびに初期のヤング係数比の 1.5 倍と比較して示す．

例題 5.6

図 4.8（例題図 1）の梁 A の短期許容曲げモーメントを計算せよ．
【解答】　図 5.6 よりひずみ分布は直線となる．傾きを ϕ とする．

$$_c\varepsilon_c = x_n\phi, \quad _c\sigma_c = {_cE_c}\varepsilon_c = {_cE}x_n\phi$$

$$_s\varepsilon_c = (x_n - d_c)\phi, \quad _s\sigma_c = {_sE_s}\varepsilon_c = n_cE(x_n - d_c)\phi$$

$$_s\varepsilon_t = (d - x_n)\phi, \quad _s\sigma_t = {_sE_s}\varepsilon_t = n_cE(d - x_n)\phi$$

5.5 許容曲げモーメント

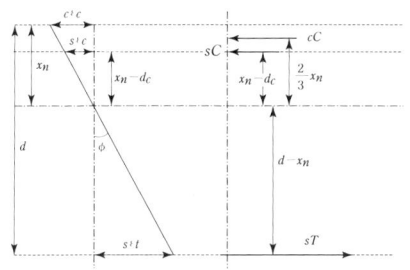

$$_cC = 0.5 x_{nc}\sigma_c b = 0.5 \times x_n \times 24.7 \times x_n \phi \times 300$$
$$_sC = _sa_s\sigma_c = 387 \times 3 \times 15 \times 24.7 \times (x_n - 60)\phi$$

表 5.2 より $n = 15$

$$_sT = _sa_s\sigma_t = 387 \times 3 \times 15 \times 24.7 \times (640 - x_n)\phi$$

式 (5.3) より

$$_cC + _sC = _sT$$
$$3{,}705 \times x_n^2 \phi + 430{,}151 \times (x_n - 60)\phi = 430{,}151 \times (640 - x_n)\phi$$
$$3{,}705 x_n^2 + 2 \times 430{,}151 x_n - 301{,}105{,}700 = 0$$
$$x_n^2 + 2 \times 116.1 x_n - 81{,}270 = 0$$
$$x_n = 191.8 \text{ mm}$$

(1) コンクリートが短期許容応力度に達するときの ϕ

$$_c\sigma_c = _cE_c\varepsilon_c = _cEx_n\phi, \quad _c\sigma_c = \frac{2}{3}F_c = 16, \quad \phi = \frac{16}{24.7 \times 10^3 \times 191.8}$$
$$= 0.00337 \times 10^{-3}$$

(2) 圧縮鉄筋が短期許容応力度 f_t に達するときの ϕ

$$_s\sigma_c = n_cE(x_n - d_C)\phi, \quad _s\sigma_c = f_t = 345, \quad \phi = \frac{345}{15 \times 24.7 \times 10^3 \times (191.8 - 60)}$$
$$= 0.00707 \times 10^{-3}$$

(3) 引張鉄筋が短期許容応力度 f_t に達するときの ϕ

$$_s\sigma_t = n_cE(d - x_n)\phi, \quad _s\sigma_t = f_t = 345,$$
$$\phi = \frac{345}{15 \times 24.7 \times 10^3 \times (640 - 191.8)} = 0.00208 \times 10^{-3}$$

引張鉄筋が短期許容応力度に達するときの ϕ が最も小さいので，短期許容曲げモーメントは，引張鉄筋が降伏するときである．

短期許容曲げモーメント時の $x_n = 191.8$ mm，$\phi = 0.00208 \times 10^{-3}$ なので，

$$_c\sigma_c = _cEx_n\phi = 24.7 \times 10^3 \times 191.8 \times 0.00208 \times 10^{-3}$$
$$= 9.85 \text{ N/mm}^2$$
$$_s\sigma_c = n_cE(x_n - d_C)\phi = 15 \times 24.7 \times 10^3 \times (191.8 - 60) \times 0.00208 \times 10^{-3}$$

$$= 101.57\,\text{N/mm}^2$$
$$_s\sigma_t = n_c E(d-x_n)\phi = 15\times 24.7\times 10^3\times(640-191.8)\times 0.00208\times 10^{-3}$$
$$= 345\,\text{N/mm}^2$$
$$_cC = 0.5 x_{nc}\sigma_c b = 0.5\times 191.8\times 9.85\times 300$$
$$= 283.4\,\text{kN}$$
$$_sC = {_sa_s}\sigma_c = 387\times 3\times 101.57$$
$$= 117.9\,\text{kN}$$
$$_sT = {_sa_s}\sigma_t = 387\times 3\times 345$$
$$= 400.5\,\text{kN}$$

$_cC + {_sC} - {_sT} = 0.8\,\text{kN}$ となり，各値の丸めによる誤差がある．

許容曲げモーメントは式(5.6) より

$$M = {_cC}\times\frac{2}{3}x_n + {_sC}\times(x_n - d_c) + {_sT}(d - x_n)$$
$$M = 283.4\times 127.9 + 117.9\times 131.8 + 400.5\times 448.2$$
$$= 231{,}290\,\text{kNmm}$$
$$= 231.3\,\text{kNm}$$

式(5.15) の略算式によると

$$M = {_sa}\times f_t\times \frac{7}{8}d = 3\times 387\times 345\times 560$$
$$= 224.3\,\text{kNm}$$

となり，約3％の誤差である．

5.6　T形断面梁

　スラブは曲げモーメントに対し，4.5.3項で述べたように，梁と一体となって挙動する．梁の初期剛性や曲げひび割れモーメントを計算する場合には，全断面有効として考えるので，T形断面(T-beam)として計算する．降伏曲げモーメントを計算する場合には，中立軸位置によって，スラブ効果の考え方は異なる．

　（1）スラブが引張応力となる場合

　圧縮コンクリートが作用しているのは梁幅 b の部分なので，スラブの協力幅を無視して，長方形断面の梁として算定すればよい．このとき，スラブ有効幅内にあるスラブ鉄筋と梁の引張主筋の合計を引張鉄筋としてもよい．

（2） スラブが圧縮応力となる場合

コンクリートの圧縮応力度分布は，**図5.9**のようになる．このことを考慮して，5.4節ならびに5.5節に準じて曲げモーメントならびに許容曲げモーメントを算定する．

中立軸がスラブ内にある場合，梁幅が有効幅（B）と考えた長方形梁として算定すればよい．中立軸がスラブ下端より下がり，梁部分に存在する場合，圧縮を受けるコンクリート断面がT形となるので，コンクリートの負担力の計算をきちんと変断面で計算する必要があり計算が複雑になる．中立軸がスラブ下端と一致するときの引張鉄筋比は式(5.17)で与えられるので，中立軸がスラブ内にあるかどうかは，引張鉄筋比によって判定できる．

$$p_t = \frac{t_1^2}{2n(1-t_1)} \tag{5.17}$$

$$t_1 = \frac{t}{d} \quad t: \text{スラブ厚さ}$$

引張鉄筋比が式(5.17)で得られた値より小さい場合には中立軸はスラブ内にあり，引張鉄筋比がこの値よりも大きい場合の許容曲げモーメントと釣合い鉄筋比は式(5.18)と式(5.19)で与えられる．

$$\frac{M_1}{Bd^2} = t_1 \frac{12 - 12t_1 + 4t_1^2 + \dfrac{t_1^3}{np_t}}{12 + \dfrac{6t_1^2}{np_t}} f_c \tag{5.18}$$

$$\frac{M_2}{Bd^2} = p_t \frac{12 - 12t_1 + 4t_1^2 + \dfrac{t_1^3}{np_t}}{12 - 6t_1} f_t \tag{5.19}$$

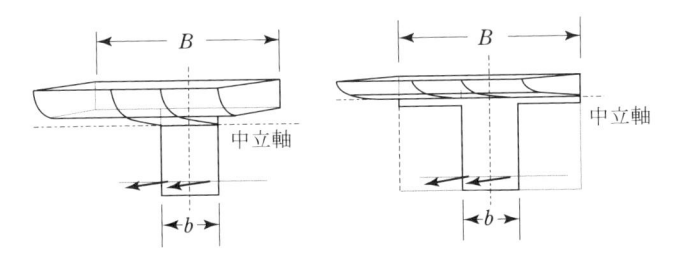

(a) 中立軸がスラブ外にある場合　(b) 中立軸がスラブ内にある場合

図5.9 曲げモーメントを受けるT形梁の断面力の分布

練習問題 5

1. 図 4.8（例題図 1）の梁 A のコンクリート強度（設計基準強度）を 27 N/mm² に変更し，鉄筋 D22 を D19 に変更した場合の等価断面積を計算せよ．
2. 図 4.8（例題図 1）の梁 A のコンクリート強度（設計基準強度）を 27 N/mm² に変更し，鉄筋 D22 を D19 に変更した場合の等価断面二次モーメントを計算せよ．
3. 図 4.8（例題図 1）の梁 A のコンクリート強度（設計基準強度）を 27 N/mm² に変更し，鉄筋 D22 を D19 に変更した場合の等価断面係数を計算せよ．
4. 図 4.8（例題図 1）の梁 A のコンクリート強度（設計基準強度）を 27 N/mm² に変更し，鉄筋 D22 を D19 に変更した場合の曲げひび割れモーメントを計算せよ．
5. 図 4.8（例題図 1）の梁 A のコンクリート強度（設計基準強度）を 27 N/mm² に変更し，鉄筋 D22 を D19 に変更した場合の短期許容曲げモーメントを計算せよ．
6. 引張鉄筋比を増すと中立軸は上下どちらの方向へ移動するか．
7. 釣合い鉄筋比とは何か．
8. 梁の曲げ耐力と引張鉄筋比の関係を簡単に図示し，説明せよ．
9. 図 4.8（例題図 1）の梁 A の引張鉄筋比が釣合い鉄筋比以下としたとき，曲げ降伏モーメントを略算せよ．
10. ヤング係数比とは何か．

第6章
曲げモーメントとせん断力を受ける梁

　曲げモーメントに加えてせん断力が作用すると，鉄筋とコンクリートに作用する応力はかなり複雑になり，損傷過程と破壊性状について論理的な解明はまだ行われていない．せん断破壊は急激に生じる危険な破壊性状を示すので，せん断力による破壊が生じないように設計することが望ましい．

　本章では，せん断力による損傷過程を説明し，数多くの実験から得られたせん断破壊防止方法について説明している．また，せん断力が作用することによって，鉄筋とコンクリートとの一体性が徐々に失われていくので，この過程についても説明し，一体性の確保の検証方法についても説明している．

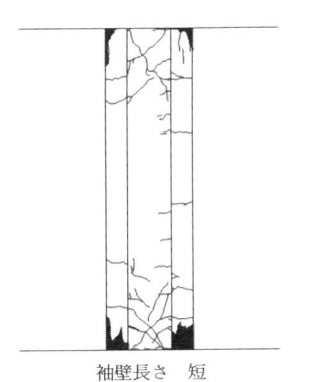

袖壁長さ　短　　　　　　袖壁長さ　長
袖壁付柱の曲げせん断破壊性状

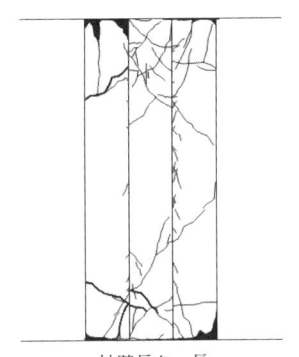

6.1 曲げモーメントとせん断力を受ける梁の力学的挙動

　地震力などの水平力を受ける建築物の曲げモーメント図の例を図4.6に示した．梁の曲げモーメントは直線的に変化し，曲げモーメントと同時に一様のせん断力(shear force)が梁に作用している．

　地震時の梁の力学的挙動を調べるためには，このように梁に曲げモーメントとせん断力を同時に作用させた実験を行う必要がある．

　曲げモーメントとせん断力を同時に受ける部材の性状を調べるために行った実験の模式図とそのときの曲げモーメント図を**図6.1**に示す．中央部分が試験部分であり，両側は載荷のためのスタブであり，試験部分より先に破壊しないように補強している．

　鉄筋コンクリート造試験体を実験する場合，試験部分を均質に作成することができないので，左右のスタブ端のどちらかで，先にひび割れを生じたり降伏が生じたりする．加力スタブの両端の変形(δ_1とδ_2)が等しくなるように加力すれば，試験部は中央で左右逆対称の変形状態となり，均等に試験部を壊しながら実験を行うことができる．

　せん断力と両スタブ間の相対変形の関係を**図6.2**に，試験終了後の破壊状況を**写真6.1**に示す．せん断力を増すと，最初に試験部分とスタブ部分の接合部に材軸と直交する曲げひび割れが発生し，剛性がやや低下する．その後，試験部両端にほぼ45度のせん断ひび割れが発生し，さらに剛性が低下する．せん

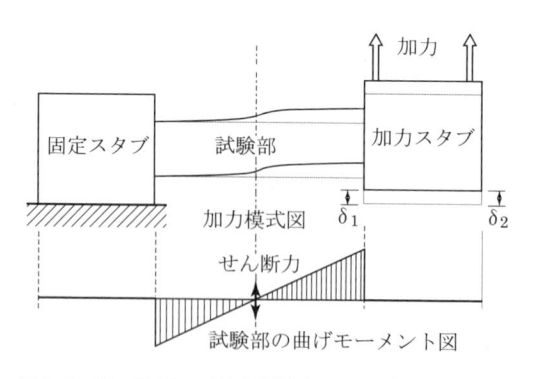

図6.1 梁の曲げせん断実験模式図と曲げモーメント図

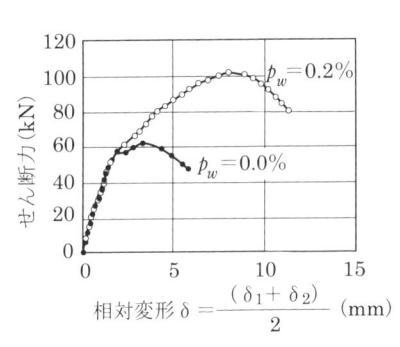

図 6.2 せん断力と相対変形との関係[6-1] 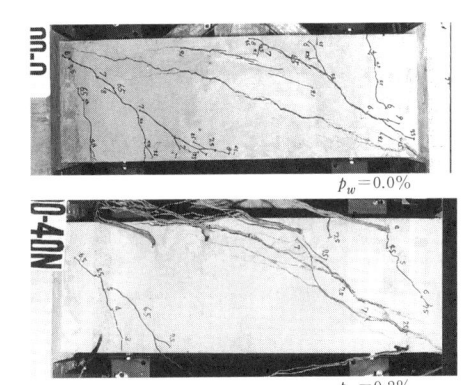　　**写真 6.1** 梁のせん断破壊状況[6-1]

断補強筋（あばら筋）が配筋されていない（$p_w=0.0\%$；p_w はあばら筋の量を表す．図 6.4 参照）場合，あるいはせん断補強筋が少ない場合には，試験部の角から反対側の角に向かって対角線上のひび割れが発生し耐力を失う．せん断補強筋を配筋した場合，45 度のせん断ひび割れ（inclined crack）が発生した後も剛性低下は少なく，耐力上昇も続く．

しかし，せん断補強筋の降伏によって，ひび割れ幅が拡がり，主筋が降伏する以前に耐力が低下する．さらにせん断補強筋を増した場合には，せん断補強筋が降伏する前に，主筋が降伏し，試験部端部において 5 章で示した曲げ破壊を生じる．主筋の降伏前に耐力を失う破壊形式をせん断破壊と呼んでいる．せん断破壊には，コンクリートの破壊によって生じる場合と主筋の付着破壊によって生じる場合がある．

せん断破壊は，図 6.2 で示したように，小さな変形で耐力を失う脆性的な性状を示す破壊である．曲げ破壊は，図 5.4 で示したように，主筋降伏後コンクリートの圧縮破壊が生じるまで余裕のある，大きな変形性能を示す破壊形式なので，梁部材の設計に当たっては，せん断破壊が生じないようにせん断補強筋を配筋するのがよい．

6.2 せん断ひび割れ強度とせん断終局強度

6.2.1 せん断ひび割れ強度

せん断力によるひび割れ強度と終局強度に関して，約1,200体の資料を統計的に整理した研究[6-6]ほか数多くの研究[6-7]が行われている．せん断ひび割れ強度として，式(6.1)が用いられることが多い．この式は，全資料に対する下限値(不合格確率5％)として示されている．

$$Q_{c\min} = \frac{0.065k_c(50+\sigma_B)}{\dfrac{M}{Qd}+1.7}bj \qquad (6.1)$$

$Q_{c\min}$：せん断ひび割れ強度下限値(N)

k_c：断面寸法による補正係数($d>400$mm の場合は $k_c=0.72$)

σ_B：コンクリートの圧縮強度(N/mm²)

M：スパン内最大モーメント

Q：せん断力

b：梁幅

j：応力中心間距離，ただし，$j=\dfrac{7}{8}d$ としてよい．

d：梁有効せい

$\dfrac{M}{Qd}$ が3以上の場合は3とする．

せん断ひび割れが発生するのは，一般的には，曲げひび割れ発生後であるが，せん断ひび割れが発生する梁の中央部分部分は弾性体と考えても実験結果とは大きな差はない．実験から導いたコンクリートの引張強度 σ_{ct} を用いて理論的に導いた式(6.2)も提案されている[6-4]．

$$Q_c = \frac{\sigma_{ct}}{\kappa}bD \qquad (6.2)$$

Q_c：せん断ひび割れ強度(N)

$\sigma_{ct}=0.33\sqrt{\sigma_B}$

σ_B：コンクリートの圧縮強度(N/mm²)

κ：断面形状係数，長方形断面の場合1.5としてよい．

b：はり幅　　D：はり全せい

例題 6.1

図 4.8（例題図 1）の梁 A のせん断ひび割れ強度を計算せよ．

【解答】 式 (6.1) で計算するが，このような場合曲げモーメントが下図のように逆対称になると考える．

$$Q = \frac{2M}{7,000}, \quad \frac{M}{Q} = 3,500, \quad \frac{M}{Qd} = \frac{3,500}{640} = 5.47$$

$$Q_{c\min} = \frac{0.065 k_c (50 + \sigma_B)}{\frac{M}{Qd} + 1.7} bj = \frac{0.065 \times 0.72 \times 74}{3 + 1.7} \times 300 \times 640 \times \frac{7}{8}$$

$$= 123.8 \text{ kN}$$

6.2.2 せん断終局強度

梁のせん断終局強度 (shear strength) は，図 6.2 に示すようにせん断補強筋 (web reinforcement) の量の影響を大きく受ける．一般的には，せん断補強筋比 (p_w) とせん断補強筋の降伏点 (σ_{wy}) の積をせん断補強筋量として評価している．せん断終局強度とせん断補強筋量の関係を**図 6.3** に示す．

せん断補強筋量を多くするとせん断終局強度も増加するが，必ずしも線形に増加するわけではなく，せん断補強筋量がある程度多くなるとせん断終局強度の上昇量は少なくなってくる．せん断終局強度下限値（不合格確率 5 %）$Q_{u\min}$ は式 (6.3) で示されている．

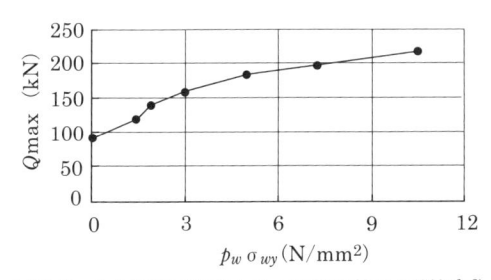

図 6.3 せん断終局強度とせん断補強筋量の関係[6-2]

図 6.4 せん断補強筋比

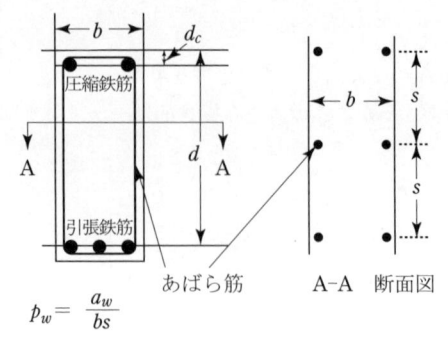

$p_w = \dfrac{a_w}{bs}$

a_w：1組のあばら筋の断面積，s：あばら筋の間隔

$$Q_{u\,min} = \left\{ \dfrac{0.092 k_u k_p (18+\sigma_B)}{\dfrac{M}{Qd}+0.12} + 0.85\sqrt{p_w \sigma_{wy}} \right\} bj \quad (6.3)$$

$Q_{u\,min}$：せん断終局強度下限値 (N)

　k_u：断面寸法による補正係数（$d>400\,\mathrm{mm}$ の場合は $k_u=0.72$）

　k_p：引張鉄筋比 p_t による係数（$k_p=2.36 p_t^{0.23}$）

　$\dfrac{M}{Qd}$ が 3 以上のときは 3 とする．

　p_w：せん断補強筋比，$p_w=\dfrac{a_w}{bs}$（図 6.4）

　a_w：1 組のせん断補強筋の断面積

　　s：せん断補強筋の間隔

　σ_{wy}：せん断補強筋の降伏点

式 (6.3) は，実験結果を統計的に処理した式であり，せん断破壊のメカニズムを表現したものではない．

前述したように，せん断破壊メカニズムには，せん断補強筋の降伏にともなうコンクリートの破壊，せん断補強筋降伏前のコンクリートの圧縮破壊および主筋とコンクリートとの付着破壊の 3 通りが考えられている．せん断補強筋量が多い場合には，せん断補強筋降伏前のコンクリートの圧縮破壊や主筋とコンクリートとの付着破壊が生じているものと考えられ，せん断補強筋量の増加に伴って，最大せん断強度の増加量が少なくなってくるのはこのためであると考

(a) 両部材端に作用している力

(b) アーチ機構による力の伝達

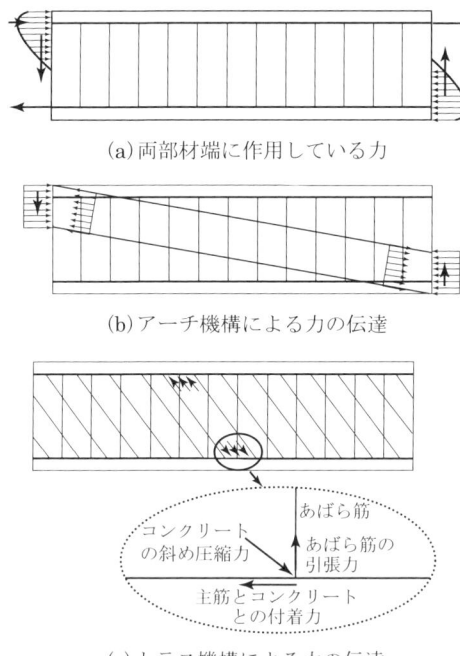

(c) トラス機構による力の伝達

図 6.5　せん断力の伝達機構模式図

えられている．式 (6.3) ではこの効果をせん断補強筋量の平方根という形で表現したものである．

　前述した3通りの破壊形式を考慮に入れた，せん断終局強度式も提案されている．式が複雑なので，日本建築学会「鉄筋コンクリート造建物の靱性保証型耐震設計指針[6-4]」を参照していただくこととして，ここでは，考え方のみ説明する．せん断力と曲げモーメントを受ける部材両端の応力状態を図 6.5(a) に示す．このとき，部材内部の応力伝達は，図 6.5(b)，(c) で示しているアーチ機構 (arch mechanism) とトラス機構 (truss mechanism) で行われるものと考える．せん断補強筋が少ない場合せん断力の多くはアーチ機構によって伝達されるが，せん断補強筋が多くなるとトラス機構によるせん断力の伝達機構が卓越してくる．

　アーチ機構の伝達能力の限界は，コンクリートの圧縮破壊によって与えられる．トラス機構による伝達能力の限界は，図 6.5(c) で示されるせん断補強筋の

引張降伏，コンクリートの圧縮破壊および主筋とコンクリートとの付着破壊のうち小さいもので与えられ，せん断補強筋が少ない場合には，せん断補強筋の引張降伏が生じ，多い場合には斜材としてのコンクリートの圧縮破壊や付着破壊が生じる．

コンクリートの圧縮破壊は，トラス斜材としての圧縮応力とアーチ機構の斜材としての圧縮応力の合力で決まるが，トラス斜材とアーチ斜材の負担割合は実験結果から定めざるを得ない．また，それぞれの斜材の有効断面積や，ひび割れ発生後の斜材コンクリート圧縮強度は必ずしもコンクリート強度と同じではないなど，完全に理論的な展開ができているわけではなく，せん断破壊のメカニズムが解明されているわけではない．

例題 6.2

図 4.8（例題図 1）の梁 A のせん断終局強度を計算せよ．
【解答】 式 (6.3) より

$$k_p = 2.36 p_t^{0.23} = 2.36 \times \left(\frac{1{,}161}{300 \times 640}\right)^{0.23} = 0.73$$

$$p_w = \frac{a_w}{bs} = \frac{2 \times 71}{300 \times 150} = 0.00316$$

$$Q_{u\min} = \left\{\frac{0.092 \times 0.72 \times 0.73 \times 42}{3 + 0.12} + 0.85\sqrt{0.00316 \times 295}\right\} \times 300 \times 640 \times \frac{7}{8}$$

$$= (0.651 + 0.85 \times 0.965) \times 300 \times 560 = 247.2 \text{ kN}$$

6.2.3 梁のせん断破壊防止の検討

（1） 終局強度に対する検討

せん断破壊は変形能力に乏しい破壊形式なので，梁はせん断破壊しないように設計することが原則である．そこで，梁のせん断設計は，応力計算から得られた梁のせん断力に対して行うだけでなく，梁の保有している曲げ耐力を確保できるようにしておくことが必要である．一般的には，式 (6.4) によって必要なせん断補強筋量を算出する．

$$Q_u > Q_0 + \alpha Q_{mu} \tag{6.4}$$

Q_u は梁の終局せん断強度であり，式 (6.3) などを用いて計算する．

Q_O は長期荷重に対する応力計算から求めたせん断力である．

Q_{mu} は梁両端が曲げ降伏したときのせん断力であり，左右の梁端の降伏曲げモーメント ($_LM_y$, $_RM_y$) を梁の内法長さ (L) で除したものであり，下式で示される．この値が，梁に作用する最大のせん断力と考えている．

$$Q_{mu} = \frac{_LM_y + {_RM_y}}{L}$$

α は割増し係数である．応力計算に用いた荷重は仮定の値であり，実際の荷重とは異なる可能性があること，実際に使用する材料の強度にもばらつきがあること，施工誤差，あるいは曲げ強度やせん断強度を計算する式そのものにもある程度の誤差があることなど考慮して，設計に余裕を持たせるための安全係数である．各要因のばらつきについて標準偏差を計算し，不合格となる確率をある程度以下となるように定める必要がある．一般的には 1.1 から 1.3 程度の値を採用している．

（2） 許容応力度設計

5.5 節で述べたように，曲げモーメントと同様に，せん断力に対しても許容応力度設計が必要である．許容応力度設計は，材料安全係数を定めることによって，部材の安全性を確保しようとするものである．せん断強度は，曲げモーメントの計算と異なって，理論的に求められているものではないので，材料の安全係数のみ（許容応力度）を定めても，計算式が異なると部材に対する安全余裕度が異なってしまう．

したがって，材料の許容応力度と，せん断強度計算式，および設計用せん断力はセットとして定めなければならない．ここでは，鉄筋コンクリート構造計算規準[6-5]にしたがって説明する．

梁の許容せん断力は，式 (6.3) を基本として，コンクリート負担分（コンクリートの許容せん断応力度）と鉄筋の負担分（鉄筋のせん断用許容応力度とあばら筋比の積）の和として与えられている．

（a） コンクリートのせん断許容応力度　コンクリートの長期せん断許容応力度は，式 (6.1) によるせん断ひび割れ強度を基に定められている．式 (6.1) に $k_C = 0.72$ を，σ_B に設計基準強度 (F_c) を代入して式 (6.5) を導き，f_{sL} を長期せん断許容応力度としている．

$$Q_{c\min}=\frac{4.7\left(0.5+\dfrac{F_c}{100}\right)}{\dfrac{M}{Qd}+1.7}bj=\alpha_c f_{sL}bj \qquad (6.5)$$

ここで,

$$\alpha_c=\frac{4.7}{\dfrac{M}{Qd}+1.7}$$

f_{sL}：長期せん断許容応力度, $f_{sL}=0.5+\dfrac{F_c}{100}$ (6.6)

コンクリート設計基準強度が低い場合にはさらに安全を見て，式 (6.6) の値と $F_c/30$ との低い方の値としている．

 短期のせん断許容応力度は，建築基準法にならって，長期の 1.5 倍と定めている．軽量コンクリートを使用した場合，普通コンクリートを使用した場合と比べ，せん断終局強度はほとんど変わらないが，実験データが少ないこともあって，普通コンクリートのせん断許容応力度の 0.9 倍としている．

 (b) 鉄筋の許容応力度　　曲げモーメント計算用の許容応力度と同じ値，すなわち，短期許容応力度は JIS で定められた降伏点規格値とし，長期はその 2/3 と定めている．

 (c) 許容せん断強度　　短期許容せん断強度は，式 (6.3) によるせん断終局強度に基づいて定めている．通常の梁を考えて，梁せいを 400 mm 以上，引張鉄筋比を 0.8 %，せん断スパン比を 3 として，コンクリート強度に設計基準強度を代入し，さらに，$0.85\sqrt{p_w\sigma_{wy}}$ が，せん断補強筋比が 1.2 % より小さい場合には，$0.3+0.5p_w\sigma_{wy}$ の直線で近似できることを考慮して，式 (6.7) が導かれる．

$$Q_{u\min}=\left\{1.66\left(0.18+\frac{F_c}{100}\right)+0.3+0.5p_w\sigma_{wy}\right\}bj \qquad (6.7)$$

式 (6.6) より $\dfrac{F_c}{100}=-0.5+f_{sL}$ なので，式 (6.7) は式 (6.8) で近似できる．

$$Q_{u\min}\fallingdotseq\{1.66(0.18-0.5+f_{sL})+0.3+0.5p_w\sigma_{wy}\}bj \qquad (6.8)$$

さらに，せん断補強筋に SD295 を使用するものとすると式 (6.8) は式 (6.9) となる．

6.2 せん断ひび割れ強度とせん断終局強度

$$Q_{u\min} \fallingdotseq \{1.66f_{sL} - 0.53 + 0.3 + 0.5 \times 295 p_w\}bj$$
$$\fallingdotseq \{1.66f_{sL} + 148(p_w - 0.0015)\}bj$$
$$\fallingdotseq \{1.1f_{ss} + 148(p_w - 0.0015)\}bj \tag{6.9}$$

$f_{ss} = 1.5 f_{sL}$, f_{ss}：コンクリートの短期許容せん断応力度

さらに，式(6.9)を，せん断スパン比の効果とせん断補強筋の許容応力度($_wf_t$)を考えた一般式に戻すとともに，安全側に丸めて，せん断終局強度略算式として式(6.10)が導かれる．

$$Q_{u\min} \fallingdotseq \{\alpha_u f_{ss} + 0.5 {_wf_t}(p_w - 0.002)\}bj \tag{6.10}$$

$$\alpha_u = \frac{3.12}{\dfrac{M}{Qd} + 0.12}$$

せん断終局強度に対するせん断スパン比の効果(α_u)は，せん断ひび割れ強度に対する効果(α_c)より大きいので，長期に対する安全性にやや不安が生じること，地震時の繰返しによってせん断終局強度は低下する可能性があること，せん断補強筋の効果が平方根に比例しているのに対し直線近似を採用しているので，補強筋の効果の上限値を与える必要があることを考慮して短期許容せん断強度は式(6.11)で与えられている．

$$Q_{AS} = \{\alpha f_{ss} + 0.5 {_wf_t}(p_w - 0.002)\}bj \tag{6.11}$$

Q_{AS}：短期許容せん断強度

α：せん断スパン比による係数

$$\alpha = \frac{4}{\dfrac{M}{Qd} + 1} \quad かつ，1 \leqq \alpha \leqq 2$$

α, α_u, α_c の比較を図 6.6 に示す．

f_{ss}：コンクリート短期許容せん断応力度

$_wf_t$：せん断補強筋の短期許容引張応力度

p_w：せん断補強筋比(図6.4)．0.2%以上配筋するものとし，1.2%を超える場合には1.2%として計算する．

長期許容せん断強度は，短期と同じ式(6.11)を用い，式中のコンクリートおよびせん断補強筋の許容応力度に長期の許容応力度を代入して求める．

(d) 設計用せん断力 長期の設計用せん断力は，梁を単純梁として求め

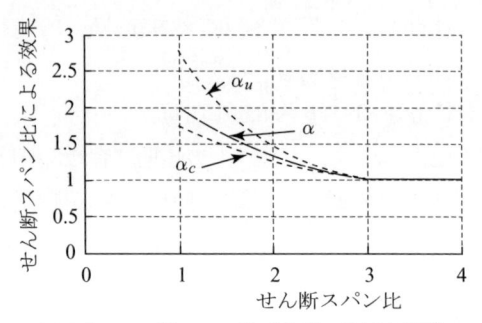

図 6.6 せん断スパン比が強度に及ぼす影響

たせん断力を用いてもよいが，応力解析より求めた長期荷重によって生じる梁のせん断応力を採用する方が安全側であるとともに，一般的である．梁には長期荷重によってひび割れが発生しないことが望ましいので，長期設計用せん断力は，$\alpha f_{sL} bj$ 以下に抑えることが望ましい．

短期の設計用せん断力は，梁に働くであろう最大せん断力を採用することが望ましい．一次設計では，建物の使用期間中に何度か遭遇するであろう中地震動を対象としているので，大地震動に遭遇した場合建物各部に損傷が生じる可能性が高い．大地震動に遭遇した場合であっても，人命の安全性の確保は図らなければならず，設計に当たっては，せん断破壊のように脆性的な破壊を避け，曲げ破壊のような変形性能のある破壊形式を選ぶ必要がある．

許容応力度設計では，部材各部の応力が許容応力度以下になるように設計するのが原則であるので，梁の破壊形式を定めることができない．そこで，梁の短期荷重時には，構造物の応力計算と離れ，部材に作用する可能性のある最大せん断力より許容せん断力が大きくなるように設計することが望ましい．

梁に最大せん断力が作用するのは梁両端に曲げ降伏が生じたときなので，そのときのせん断力 (Q_{D1}) を，短期設計用せん断力 (Q_D) とし，これを許容せん断力が上回るようにせん断設計を行い，梁のせん断破壊防止を図ることが原則である．

梁の両端が曲げ降伏するときのせん断力 (Q_{D1}) は式 (6.12) で表される．

$$Q_D = Q_{D1} = Q_L + \frac{\sum M_y}{l'} \qquad (6.12)$$

Q_L：長期荷重によるせん断力（単純梁として算定したせん断力）

$\sum M_y$：せん断力が最大となるように組み合わせた，梁両端の降伏曲げモーメントの絶対値の総和

l'：梁の内法スパン長さ

梁の配筋が施工性や構造規定で定まっていて，Q_{D1} が骨組みの応力解析で計算した応力を大きく上回っている場合には，短期設計用せん断力として必ずしも最大せん断力を採用する必要はないと考えられるので，その場合には，式 (6.13) によるせん断力 (Q_{D2}) を短期設計用せん断力としてもよい．

$$Q_{D2} = Q_L' + \alpha Q_E \quad \text{または} \quad Q_{D2} = Q_L + \alpha Q_E \tag{6.13}$$

Q_L'：骨組みの応力解析で得られた長期荷重による梁のせん断力

α：余裕度で，1.5 以上の値とする．

Q_E：骨組みの応力解析で得られた水平荷重による梁のせん断力

梁の長期荷重によるせん断力としては，式 (6.12) では，梁両端に降伏ヒンジが生じているので，両端を単純支持と考えたときのせん断力 (Q_L) を採用する．式 (6.13) では，Q_L'，Q_L のいずれを用いてもよいが，この場合，梁両端にはまだヒンジが発生していない状態を想定しているので，存在応力である Q_L' を採用するのが一般的である．

式 (6.12) における梁の降伏モーメントの計算には，式 (5.5) を踏まえた曲げ降伏モーメント略算式である式 (6.14) を用いてもよい．

$$M_y = 0.9 a_t \sigma_y d \tag{6.14}$$

a_t：引張鉄筋断面積

σ_y：梁主筋の降伏強度

d：梁の有効せい

式 (6.14) では，梁に作用するであろう最大せん断力を計算することが目的なので，梁主筋の実際の降伏強度は規格降伏点より高いこと，引張鉄筋断面積には最終的な梁断面での配筋に基づくとともにスラブの協力幅内のスラブ主筋量なども考慮にいれることが望ましい．

例題 6.3

図 4.8（例題図 1）の梁 A の設計用せん断力と許容せん断力を計算して，短期荷重

時のせん断破壊防止について，許容応力度に基づき検定せよ．ただし，長期荷重によるせん断力（単純梁として算定したせん断力）は，27.2 kN とする．

【解答】 短期設計用せん断力（Q_D）の計算は，式(6.12)による．
梁の降伏モーメントを式(6.14)で計算する．

$$M_y = 0.9 a_t \sigma_y d = 0.9 \times 3 \times 387 \times 345 \times 640 = 230{,}714 \text{ kNmm}$$

$$Q_D = 27.2 + \frac{2 \times 230{,}714}{7{,}000} = 93.1 \text{ kN}$$

短期許容せん断力 Q_{AS} の計算は，式(6.11)による．

$$\alpha = \frac{4}{\frac{3{,}500}{640} + 1} = 0.62 \quad \text{かつ} \quad 1 \leq \alpha \leq 2, \quad \alpha = 1$$

$$f_{ss} = \left(0.5 + \frac{24}{100}\right) \times 1.5 = 1.11$$

$${}_w f_t = 295, \quad p_w = 0.00316 \quad \text{［例題 6.2 参照］}$$

$$Q_{AS} = \{1.11 + 0.5 \times 295 \times (0.00316 - 0.002)\} 300 \times 560 = 215.2 \quad \text{kN} > Q_D$$

(参考) 短期許容せん断力は，例題 6.2 で計算したせん断終局強度 247.2 kN よりやや小さく，安全側の値となっている．

6.2.4 梁主筋とコンクリートとの付着

（1） 梁主筋の付着割裂破壊

梁の主筋の応力は，その断面に生じる曲げモーメントの大きさに依存しているので，曲げモーメントとせん断力を受ける梁の主筋の応力は各断面によって異なっており，主筋の応力差はコンクリートに伝達される．この鉄筋からコンクリートに応力を伝達する性能を付着(bond)性能と呼んでいる．

異形鉄筋は，写真 1.7 に示したように，表面に設けられた凹凸が周辺のコンクリートとかみ合うことによって高い付着性能を発揮している．梁主筋に異形鉄筋を使用する必要があるのはこのためである．しかし，このかみ合い力によって，図 6.7 に示すように，周辺のコンクリートが押し広げられひび割れが発生する．このひび割れが進展すると，図 6.8 に示すように，隣接鉄筋から発生したひび割れと連続するサイドスプリット破壊を生じるか，かぶりを貫通して梁表面まで達するコーナースプリット破壊や V ノッチスプリット破壊を生じる．このような破壊を付着割裂破壊(splitting failure)と呼ぶ．付着割裂破

6.2 せん断ひび割れ強度とせん断終局強度

図 6.7 付着破壊のメカニズム[6-3]

図 6.8 付着破壊の分類[6-4]

(a) サイドスプリット破壊
(b) コーナースプリット破壊
(c) Vノッチスプリット破壊

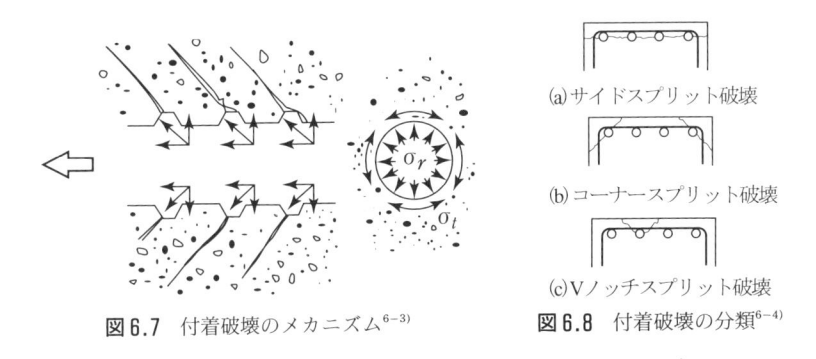

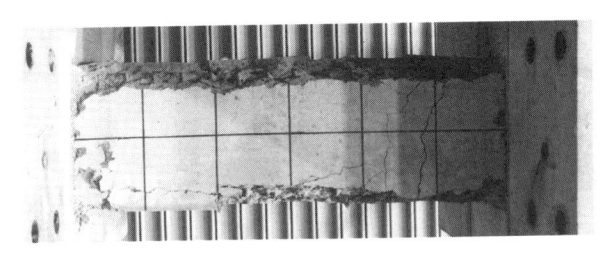

写真 6.2 梁の付着割裂破壊（コーナースプリット）

壊を生じた実験例を**写真 6.2**に示す．

付着性能が劣化すると，梁断面の平面保持の仮定が成立しなくなり，主筋の応力は曲げモーメントの最も大きい位置での応力に引きずられ，主筋の応力が断面の曲げモーメントによって一義的には定まらなくなる．その結果，変形が大きくなるなど梁としての性能が大きく低下する．鉄筋コンクリート構造は主筋とコンクリートとが一体となっていることを前提としているので，付着割裂破壊を防止して，曲げ耐力を確保できるように配慮しなければならない．

(2) 梁主筋の付着割裂強度

梁主筋の付着割裂強度（τ_{bu}）は，鉄筋の位置，鉄筋間のあき，かぶりコンクリートの厚さ，コンクリート強度に依存するτ_{co}とあばら筋量に依存する補強筋の効果τ_{st}との和として，破壊パターンごとに，式(6.15)が提案されている．この中で，最も小さい強度を示す付着破壊パターンが発生する．

$$\tau_{bu} = \tau_{co} + \tau_{st} \qquad (6.15)$$

$$\tau_{co} = (0.119 b_i + 0.165)\sqrt{\sigma_B} \qquad (6.16)$$

$$\tau_{st} = 9.61 \frac{\kappa A_{st}}{sNd_b}\sqrt{\sigma_B} \leq 0.336\sqrt{\sigma_B} \tag{6.17}$$

b_i：鉄筋間隔およびかぶりの影響係数

$C_{\min}$：最小かぶり厚さ

C_s：側面かぶり厚さ

C_b：上面（底面）かぶり厚さ

d_b：鉄筋径

N：割裂面に並んでいる鉄筋本数

b：梁幅

σ_B：コンクリート強度

A_{st}：1組の横補強筋断面積の和

s：横補強筋の間隔

（a） Vノッチスプリット破壊の場合

$$b_i = b_{vi} = \sqrt{3}\left(\frac{2C_{\min}}{d_b}+1\right), \quad \kappa = 0$$

（b） コーナースプリット破壊の場合

$$b_i = b_{ci} = \sqrt{2}\left(\frac{C_s+C_b}{d_b}+1\right)-1, \quad \kappa = \sqrt{2} \quad かつ \quad N=2$$

（c） サイドスプリット破壊の場合

$$b_i = b_{si} = \frac{b}{Nd_b}-1 = \frac{1}{d_b}\left(\frac{b}{N}-d_b\right), \quad \kappa = 1$$

水平に配置された曲げ主筋は，ブリージング水や硬化するまでのコンクリートの沈下などによって，鉄筋の周囲のコンクリート強度が低下することがあり，その傾向は，鉄筋の下にあるコンクリート層が厚いほど顕著に表れる．鉄筋の下にあるコンクリート層が300mm以上ある場合，鉄筋の付着割裂強度は，その他の場合に比べて0.8～0.9倍で，平均では0.82倍となっている．

軽量コンクリートを使用した場合も，普通コンクリートを使用した場合より付着割裂強度は低下し，0.85倍程度となる．

二段配筋の場合，内側鉄筋の周辺のコンクリートは内側鉄筋の付着応力度を負担すると同時に，外側鉄筋の付着応力度も負担する必要があるため，内側鉄筋の付着割裂強度は低下する．

例題 6.4

図 4.8（例題図 1）の梁 A の上端主筋の付着割裂強度を計算せよ．

【解答】 梁主筋のかぶりと鉄筋間隔の関係は以下のとおりである．

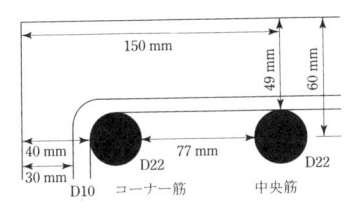

側面かぶり厚さ　$C_s = 40$ mm
上面かぶり厚さ　$C_b = 49$ mm
最小かぶり厚さ　$C_{min} = 40$ mm

（a）V ノッチスプリット破壊の場合　$b_{vi} = \sqrt{3}\left(\dfrac{2 \times 40}{22} + 1\right) = 8.03$

（b）コーナースプリット破壊の場合　$b_{ci} = \sqrt{2}\left(\dfrac{40 + 49}{22} + 1\right) - 1 = 6.13$

（c）サイドスプリット破壊の場合　$b_{si} = \dfrac{1}{22}\left(\dfrac{300}{3} - 22\right) = 3.54$

破壊形式はサイドスプリット破壊となる．式 (6.16)，(6.17) より

$$\tau_{C0} = (0.119 \times 3.54 + 0.165)\sqrt{24} = 2.87$$

$$\tau_{st} = 9.61 \dfrac{1 \times 2 \times 71}{150 \times 3 \times 22}\sqrt{24} = 0.68 \leq 0.336\sqrt{24} = 1.65$$

$$\tau_{bu} = 2.87 + 0.68 = 3.55 \text{ N/mm}^2$$

上端主筋なので，0.82 倍して　$\tau_{bu} = 2.91$ N/mm² となる．

（3）許容付着強度の計算

（a）コンクリートの許容付着応力度　梁主筋の許容付着強度は，式 (6.15) を安全側に簡略化するように定めている．まず，コンクリート強度の平方根は，**図 6.9** に示すようにほぼ直線で近似できるので，短期許容付着応力度 (f_{bS}) を，式 (6.18) で表している．長期許容応力度 (f_{bL}) は，ほかの許容応力度にならって，短期許容応力度の 2/3 倍と定めている．

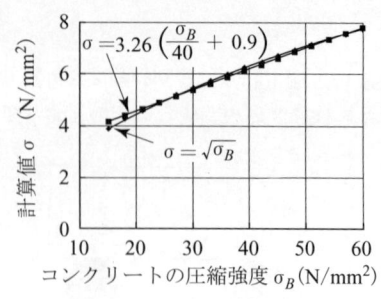

図6.9 平方根の近似計算

$$\sqrt{\sigma_B} = 3.26\left(\frac{F_c}{40} + 0.9\right) \quad (6.18)$$

$$f_{bS} = \frac{F_c}{40} + 0.9, \quad f_{bL} = \frac{2}{3}f_{bS}$$

さらに，鉄筋位置や使用材料による影響を考えて，以下の規定を設けている．

① 曲げ材上端筋（下に 300 mm 以上のコンクリートが打設されている鉄筋）の許容付着応力度は 0.8 倍する．

② 2段配筋の場合，内側鉄筋に対しては 0.6 倍する．

③ 軽量コンクリートを使用した場合には 0.8 倍する．

（b）**短期許容付着強度** 梁主筋のかぶり厚さを αd_b とすると b_{vi} と b_{Ci} は下式で表される．

$$b_{vi} = \sqrt{3}(2\alpha + 1)$$

$$b_{Ci} = \sqrt{2}(2\alpha + 1) - 1 \quad \text{ただし，} C_s = C_b = \alpha d_b$$

$b_{vi} > b_{Ci}$ となるので，一般的には，V ノッチスプリット破壊は考えなくともよい．

b_{Ci} は略算して以下のように求める．

$$b_{Ci} = \sqrt{2}(2\alpha + 1) - 1 \fallingdotseq 2.8\alpha + 0.4 \fallingdotseq 3\alpha = 3\frac{C_s}{d_b}$$

b_{si} は隣り合う鉄筋間のあきの平均を鉄筋径で割ったものなので，結局，b_i は式 (6.19) で表すことができる．

$$b_i = \frac{C}{d_b} \quad (6.19)$$

C はかぶりの最小値の 3 倍と鉄筋間のあきの最小値との小さい方とする．

短期許容付着強度（τ_{baS}）は，式 (6.15)〜(6.17) に，式 (6.18)，式 (6.19) を代入し，終局強度に対する安全係数としての 0.8 を乗じるとともに κ を 1 としたうえで，係数を丸めることによって式 (6.20) のように定めている．

$$\tau_{baS} = \left\{ \frac{0.3(C + 80W')}{d_b} + 0.4 \right\} f_{bS}$$

$$= \left\{ \frac{0.3(C + W)}{d_b} + 0.4 \right\} f_{bS} = K f_{bS} \qquad (6.20)$$

　C：鉄筋間のあき，最小かぶり厚さの 3 倍，
　　　鉄筋径の 5 倍のうち最小値
　W：横補強筋の効果係数

$$W = 80W' = \frac{80 A_{st}}{sN} \leq 2.5 d_b$$

　A_{st}：1 組の横補強筋断面積の和
　　s：横補強筋の間隔
　N：割裂面に並んでいる鉄筋本数

（c）**長期許容付着強度**　常時使用時には，付着割裂ひび割れが発生することや，鉄筋にコンクリートとのすべりが生じて，曲げひび割れ幅が開くことは望ましくないので，これを防止することを目的として，横補強筋による効果を無視し，長期許容付着強度（τ_{baL}）を，許容付着応力度に長期許容付着応力度（f_{bL}）を使用して，式 (6.21) で与えている．

$$\tau_{baL} = \left\{ \frac{0.3C}{d_b} + 0.4 \right\} f_{bL} = K_L f_{bL} \qquad (6.21)$$

（d）**付着の検定方法**　許容応力度設計では，断面あるいは部材の許容強度が，設計応力を上回っていることを検定するのが一般的である．しかし，付着割裂破壊を防止する場合，設計で期待している鉄筋の付着応力を部材の各断面で算定するためには，部材曲げモーメント分布やひび割れ発生の有無などを考慮しなければならず，部材全断面ついて設計応力時の付着応力を求めることは大変煩雑である．

さらに，局所的に付着破壊が生じても，平均的な付着応力が付着強度を超えていなければ，主筋全長にわたって付着破壊が生じるようなことはなく，安全

であることが実験で確認されている．

鉄筋コンクリート構造計算規準では，鉄筋の応力が最も大きくなる断面（検定断面）において，鉄筋がその応力を保持するために必要な付着長さ（設計用付着長さ）を許容付着強度から計算して，鉄筋の付着長さがこれよりも長いことを検定する，付着長さ検定方式をとっている．

① 付着検定断面　　付着の検定は，スパン内で最大曲げモーメントが生じている断面（梁の場合梁端上端および中央下端）で行う．スパン内でカットオフされる鉄筋がある場合には，その鉄筋が計算上不要となる断面においても付着検定を行う．

② 設計用の付着長さ　　設計用の付着長さは，一般の場合，許容付着強度から計算される必要付着長さ（l_{ab}）と梁有効せい（d）の和としている．計算上必要な付着長さに梁の有効せい分の割増しが必要なのは，梁にせん断ひび割れが発生することを想定しているためである．梁にせん断ひび割れが発生しないことが確認できれば梁有効せいを加える必要はない．

梁上端鉄筋の応力は，**図6.10**に示すように，部材端に生じる斜めせん断ひび割れによって，必ずしも曲げモーメントに応じた応力とはならず，梁端からスパン方向に離れた位置での引張鉄筋の応力も材端と同じ程度まで高くなる，いわゆるテンションシフトの現象が生じる．したがって，鉄筋はこの位置からスパン方向に定着に必要な付着長さを取っておかなければならない．

このテンションシフト現象の領域の長さは，せん断スパン比やせん断補強筋

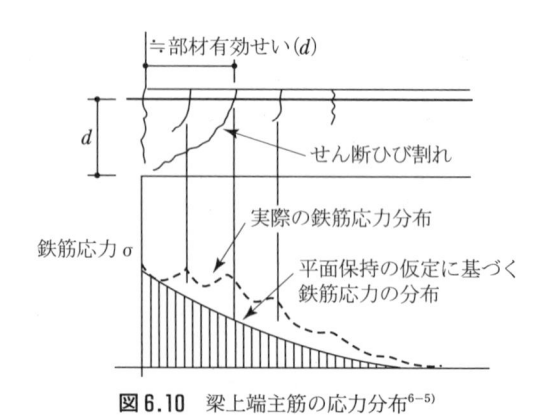

図6.10　梁上端主筋の応力分布[6-5]

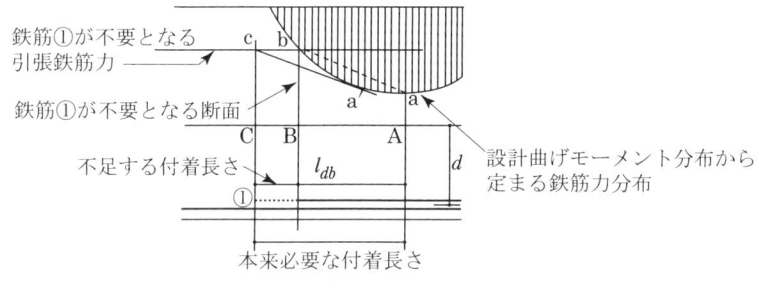

図6.11 梁中央下端鉄筋の応力分布[6-5]

量などによって変化するが，一般的な梁を想定して，鉄筋コンクリート構造計算規準では，この領域の長さを梁の有効せいと等しいと考えている．

正曲げモーメントを受ける梁中央部ではせん断力が小さいので，下端筋の応力分布ではテンションシフトは生じないが，設計用曲げモーメントの変化は**図6.11**に示すように緩やかなので，最大曲げモーメントの位置から必要な付着長さを確保しても少し離れた位置から必要付着長さを確保できているとは限らない．図6.11では，最大曲げモーメントとなっているA断面から必要付着長さ（l_{db}）を確保したとしても，A断面から少し左の位置では，鉄筋の設計応力がA断面における鉄筋の応力とほとんど変わらないので，その位置からは必要付着長さは確保できていない．

図6.11の場合，許容付着応力度を傾きとする線分abと平行な直線が設計用曲げモーメントから定まる鉄筋の応力分布と接する位置a'から必要付着長さを取ったc点まで鉄筋を延長すれば，正曲げモーメントに対する必要付着長さをどの断面からでも確保できるので，A断面からは必要付着長さに線分bcを加えた長さが設計用の付着長さとして要求される．

しかし，bcの長さを正確に計算することは困難なので，鉄筋コンクリート構造計算規準では，線分bcの長さを梁の有効せい（d）と等しいとすることによって，梁上端筋と同じ扱いとしている．しかし，この長さを梁の有効せい（d）と等しいとすることが必ずしも安全側となるとは限らないので，梁下端筋の1/3以上は通し配筋とすることを求めている．

③ **梁主筋の付着長さ** 梁の途中で切断（カットオフ）される梁主筋の付着長さ（development length；l_d）は，付着検定断面から鉄筋末端までの長さ

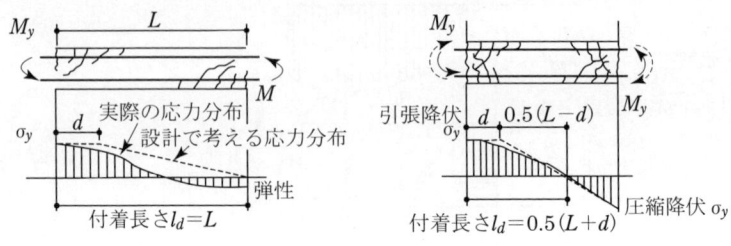

(a) 圧縮鉄筋が降伏する恐れのない場合　　(b) 圧縮鉄筋の降伏が生じる場合

図 6.12　梁主筋の付着長さの計算

である．通し配筋される主筋の付着長さは，圧縮鉄筋が降伏する恐れのない場合には，図 6.12(a)に示すように，スパン長さを付着長さと考える．しかし，圧縮鉄筋が降伏する恐れがある場合には，図 6.12(b)に示すように，スパン長さと梁有効せいの和の半分を付着長さと考える．

④　必要付着長さ　　鉄筋の平均付着応力度 (τ_b) は鉄筋の応力を鉄筋表面積で除した値として式 (6.22) で表すので，必要付着長さ (l_{db}) は式 (6.23) で表すことができる．

$$\tau_b = \frac{\sigma_t a_s}{l_d \psi} \tag{6.22}$$

$$l_{db} = \frac{\sigma_t a_s}{\psi \tau_{ba}} = \frac{\sigma_t a_s}{\psi K f_b} \tag{6.23}$$

σ_t：付着検定断面における鉄筋の存在応力度

a_s：鉄筋の断面積

l_d：鉄筋の付着長さ

ψ：鉄筋の周長

τ_{ba}：許容付着強度

$K f_b$：式 (6.20) および式 (6.21) による．

例題 6.5

図 4.8（例題図 1）の梁 A の上端コーナー筋の短期荷重時の付着割裂防止について，許容応力度に基づき検定せよ．

【解答】 コンクリート短期許容付着応力度 $f_{bS}=\left(\dfrac{24}{40}+0.9\right)\times 0.8=1.2\,\text{N/mm}^2$

$$C=\min(77,\ 120,\ 110)=77$$

$$W=\dfrac{80\times 2\times 71}{150\times 3}=25.2\leqq 2.5\times 22=55$$

$$\tau_{baS}=\left\{\dfrac{0.3\times(77+25.2)}{22}+0.4\right\}\times 1.2=2.15\,\text{N/mm}^2$$

コーナーの主筋は，スパン内でカットオフすることは許されない．また，図6.12(b)のように圧縮端でも降伏する場合を考えて，設計用付着応力度 (τ_D) は，

$$\tau_D=\left(\dfrac{345\times 387}{70\times\dfrac{7,000-640}{2}}\right)=0.60\,\text{N/mm}^2\leqq 2.15\,\text{N/mm}^2$$

例題6.6

図4.8（例題図1）の梁Aの上端中央筋を梁内で途中定着するとしたら，どこでカットオフすればよいか．短期許容応力度に基づき検定せよ．

【解答】 式(6.23)より

$$l_{db}=\dfrac{345\times 387}{70\times 2.15}=887.2\,\text{mm}$$

梁端から，$640+887.2=1,527.2\,\text{mm}$ 以上離れたところでカットオフすることができる．

（4）鉄筋の継手

鉄筋は，現場での作業性などから，通常5～6m程度の長さで搬入される．また，鉄筋の組み立ては，1層ごとに行われるのが一般的である．したがって，鉄筋と鉄筋を接合する必要があり，鉄筋と鉄筋を接合することを継手(splice)という．

継手の方法には各種ある[6-8]が，いずれの場合も部材応力や鉄筋応力の小さい個所に設けるのが原則である．さらに，継手周辺のコンクリートには応力の集中が起こりやすいうえ，継手が破壊すると鉄筋は保持していた応力を一度に失うので，主筋のすべてを同じ位置で継ぐことは避けることが望ましい．

（a）重ね継手　　鉄筋と鉄筋を，図6.13に示すように，ある程度重ねる

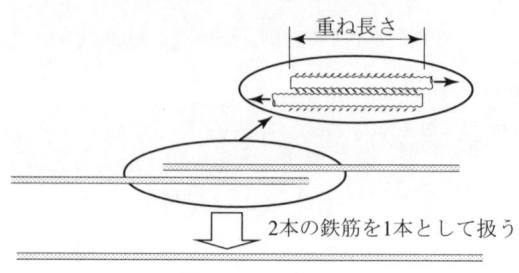

図6.13 重ね継手

ことによって，一方の鉄筋応力を他方の鉄筋に伝える方法である．鉄筋の応力は，鉄筋とコンクリートとの付着によってコンクリートに伝えられ，ふたたび付着によって他方の鉄筋に伝えられるので，鉄筋間のコンクリートの付着割裂破壊が生じると重ね継手（lapped splice）の破壊となる．重ね長さは，伝えるべき鉄筋応力と付着割裂強度から計算した必要付着長さ以上を確保しなければならない．

（b）溶接継手　　主筋の継手に使用する溶接継手（welding）には，両方の鉄筋の中心が一致する突合せ溶接を用いるのが一般的であり，ガス圧接継手，エンクローズ溶接継手，フラッシュ溶接継手などが用いられる．

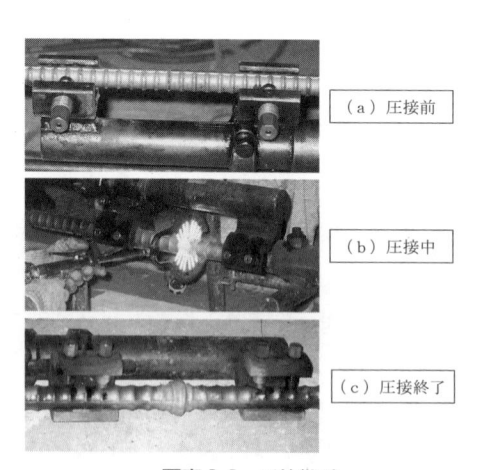

(a) 圧接前
(b) 圧接中
(c) 圧接終了

写真6.3 圧接継手

ガス圧接継手は，最も一般的な溶接継手であり，**写真6.3**に示すように鉄筋を突合わせた後，その接合面を加熱しながら加圧することによって接合する方法である．

（c）機械式継手　　機械式継手（mechanical splice）は，鉄筋間の応力伝達をメカニカルな機構で行うもので，ねじ節鉄筋継手やスリーブ継手などがある．この種の特別な工法は，施工に特別な知識と注意が必要なので，多くの実験によってその性能が確認した上で用いる必要がある．

ねじ節鉄筋継手は，異形鉄筋の節形状がねじ状になっている特別な異形鉄筋を用いるもので，**写真6.4**に示すように，雌ねじのカプラーで鉄筋を接合する方法である．ねじ部の緩みをなくす方法として，ナットで締め付ける方法や有機あるいは無機の充填硬化剤を鉄筋とカプラーのすきまに注入する方法がある．

スリーブ継手は，鋼製のパイプに2本の鉄筋を挿入した後，鉄筋とパイプを接合する方法である．鉄筋には通常の異形鉄筋が使用できる．パイプと鉄筋の接合方法として，パイプと鉄筋とのすきまに無機系の硬化剤を挿入するモルタル充填工法やパイプを押しつぶして鉄筋とパイプを圧着する圧着工法とがある．

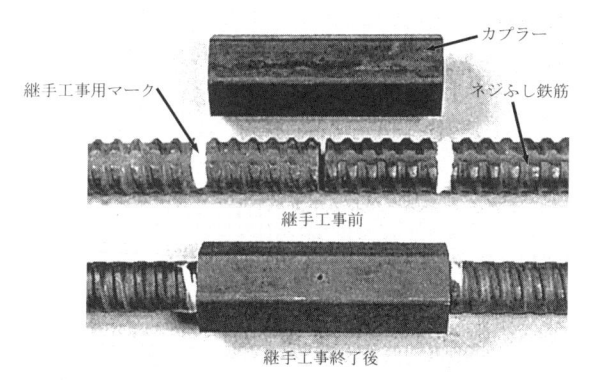

写真6.4　ネジふし鉄筋の機械式継手

練習問題 6

1. 図 4.8（例題図 1）の梁 A のコンクリート強度（設計基準強度）を $27\,\mathrm{N/mm^2}$ に変更した場合のせん断ひび割れ強度を計算せよ．
2. 図 4.8（例題図 1）の梁 A のコンクリート強度（設計基準強度）を $27\,\mathrm{N/mm^2}$ に変更し，鉄筋 D22 を D19 に変更した場合のせん断終局強度を計算せよ．
3. 図 4.8（例題図 1）の梁 A のコンクリート強度（設計基準強度）を $27\,\mathrm{N/mm^2}$ に変更し，鉄筋 D22 を D19 に変更した場合の設計用せん断力と許容せん断力を計算して，短期荷重時のせん断破壊防止について，許容応力度に基づき検定せよ．長期荷重によるせん断力（単純梁として算定したせん断力）は，$27.2\,\mathrm{kN}$ とする．
4. 図 4.8（例題図 1）の梁 A のコンクリート強度（設計基準強度）を $27\,\mathrm{N/mm^2}$ に変更し，鉄筋 D22 を D19 に変更した場合の上端主筋の付着割裂強度を計算せよ．
5. 図 4.8（例題図 1）の梁 A のコンクリート強度（設計基準強度）を $27\,\mathrm{N/mm^2}$ に変更し，鉄筋 D22 を D19 に変更した場合，上端コーナー筋の短期荷重時の付着割裂防止について，許容応力度に基づき検定せよ．
6. 図 4.8（例題図 1）の梁 A のコンクリート強度（設計基準強度）を $27\,\mathrm{N/mm^2}$ に変更し，鉄筋 D22 を D19 に変更した場合の上端中央筋を梁内で途中定着するとしたら，どこでカットオフすればよいか．許容応力度に基づき検定せよ．
7. せん断破壊と曲げ破壊の性状の違いについて説明せよ．
8. 梁のせん断強度とせん断補強筋比の関係を簡単に図示し，説明せよ．
9. 梁の設計用せん断力の求め方について説明せよ．
10. 付着割裂破壊形式について説明せよ．
11. 鉄筋の継手方式をあげて簡単に説明せよ．
12. 鉄筋の機械式継手にはどのような方法があるか
13. あばら筋の働きについて簡単に説明せよ．

第7章

軸力，曲げモーメントおよびせん断力を受ける柱

柱には，曲げモーメントとせん断力に加えて軸力が作用している．軸力はコンクリートの圧縮破壊を早めるので，軸力が作用する部材の変形性能は小さくなる．梁が自分の階の重さだけを支持するのに対し，柱は自分の階より上の階全部の重さを支持しなければならない重要な耐震要素であることに加え，梁より厳しい応力状態にある．

本章は，この軸力が部材の強度と変形性能に及ぼす影響について説明し，柱に要求されている性能の検証方法について説明する．

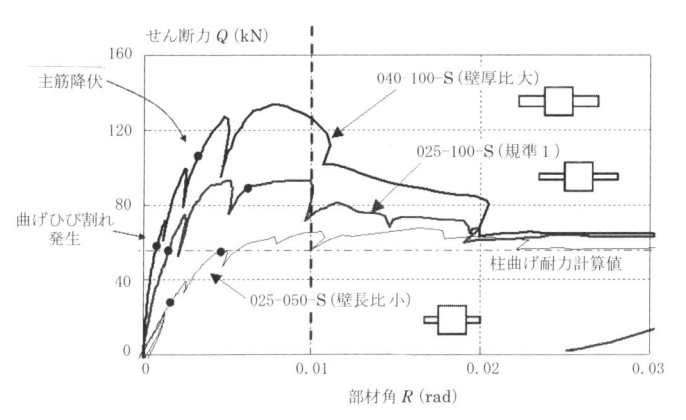

袖壁が柱の強度と変形に及ぼす影響

7.1 柱の構造

柱(column)は，細い方が室内の空間を広く取れるが，あまり細いと曲げモーメントと圧縮力を受けたときに，横方向にはらみだす，座屈と呼ばれる破壊を生じるので，柱の1辺の長さは，階高さの1/15以上(軽量コンクリートを使用している場合には1/10以上)必要である．施工性を考えて，通常，最も小さい最上階の柱の1辺を450mm程度とし，1階下がるごとに50mmずつ大きくしている．

柱の鉄筋は，図4.4のように配筋される．柱は建物の桁方向と梁間方向両方向のラーメンに対し共通の構造要素となるために，四隅に曲げモーメントと軸力を負担する主筋が配される．

柱のせん断補強筋を帯筋(フープ；hoop)と呼ぶが，帯筋は，せん断破壊の防止だけでなく，コアコンクリートの圧縮破壊と主筋の座屈，主筋の付着破壊を防止し，柱の変形性能を向上させる効果も大きい．図7.1(a-1)のように四隅の主筋だけを拘束するのではなく，図7.1(a-2)のように中間主筋にもせん断補強筋をかけると，中のコンクリート(コアコンクリート)の拘束や主筋の座屈防止に対する効果が大きくなる．軸力が大きい柱では，なるべく多くの主筋を直接拘束して，靭性の向上に努めなければならない．外周のせん断補強筋以外のせん断補強筋を中子筋と呼んでいる．

柱の断面は，正方形や長方形だけでなく，円形の場合(図7.1(b))もある．この場合，帯筋はリング状のものを使用するが，連続したスパイラル状のものを使用することも多い．スパイラル筋は，リング筋に比べて主筋の座屈防止や

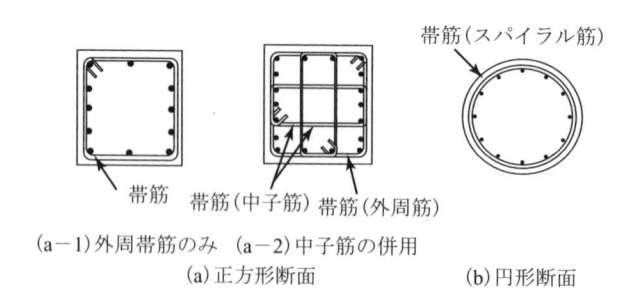

(a-1) 外周帯筋のみ　(a-2) 中子筋の併用
(a) 正方形断面　　　　　　　　　(b) 円形断面

図7.1 柱の断面と帯筋形状の例

コアコンクリートの拘束に効果が高い．柱のせん断補強に関して，鉄筋コンクリート構造計算規準における最少せん断補強筋量や使用鉄筋径などに対する構造規定は梁と同様であるが，帯筋の間隔の規定は，あばら筋の場合より厳しく，100 mm 以下を原則とし，特別な場合でも 200 mm を超えてはならないとしている．

7.2 軸力と曲げモーメントを受ける柱の性状

7.2.1 軸力と曲げモーメントを受ける柱の破壊性状

柱と梁の違いは，柱には常時荷重として，軸方向に圧縮力（軸方向力または軸力）が作用していることである．

軸力（axial force）と曲げモーメントを同時に受ける部材の挙動を調べるために，図 5.2 で示した曲げモーメント載荷の加力模式図に，部材の材端から軸方向に外力を作用させて行う図 7.2 の加力方法が用いられる．軸力が曲げモーメントと曲率の関係に及ぼす影響に関する実験結果の例を図 7.3 に示す．軸力

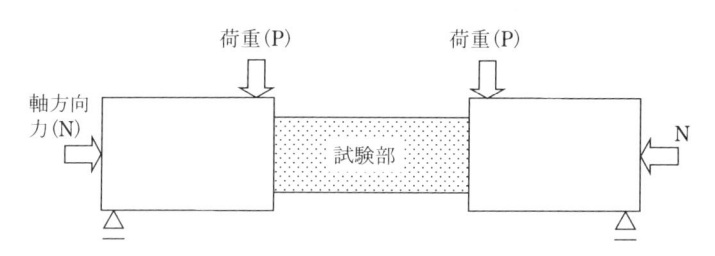

図 7.2 軸方向力と曲げモーメントに関する実験模式図

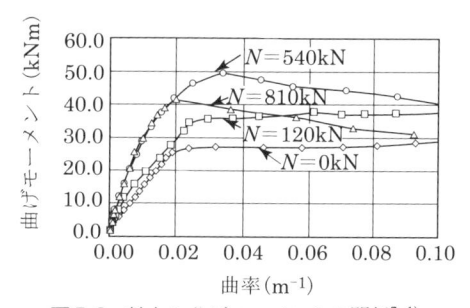

図 7.3 軸力と曲げモーメントの関係[7-1]

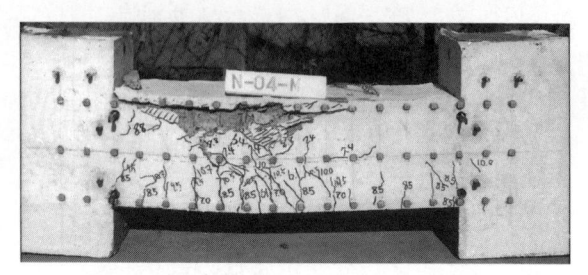

写真 7.1 軸力と曲げモーメントによる破壊状況[7-1]

(N) が 0 kN の試験体は，図 5.4 に示した梁の曲げモーメントと曲率の関係と同じものである．

軸力が大きくなると，曲げひび割れモーメントが大きくなり，曲げひび割れ後の剛性低下も少なく，降伏曲げモーメントと最大曲げモーメントも大きくなる．しかし，軸力がある程度以上になると，主筋降伏以前に圧縮側のコンクリートの破壊が生じ，耐力低下を生じる．軸力が 810 kN の試験体は，軸力が 540 kN の試験体より最大曲げモーメントは小さくなり，変形能力は 4 体のうちで最も小さなものとなっている．

このように，初期曲げ剛性，曲げひび割れモーメント，降伏曲げモーメントとそのときの曲率，最大曲げモーメントとそのときの曲率に及ぼす軸力の影響は大きい．曲げモーメントと軸力を受ける柱の最終破壊状況を**写真 7.1** に示す．梁の場合に比べ，圧縮側のコンクリートの破壊が著しい．

7.2.2 初期曲げ剛性と曲げひび割れモーメント

弾性論から考えて，軸力が初期曲げ剛性に影響を及ぼすことはないので，曲げひび割れの発生以前の断面二次モーメントと断面係数は，梁と同様にして求めることができる．軸力と曲げモーメントを受ける断面の最大引張応力 (σ_t) は，梁の場合と同様，弾性論から計算でき，梁の曲げひび割れモーメント計算式 (5.2) に軸力 (N) の影響を考慮した式 (7.1) によることができる．

一般的に，鉄筋コンクリート構造では圧縮軸力を正で表すので，本書も圧縮軸力を正，引張軸力を負で示す．

$$M_c = 0.56\sqrt{\sigma_B} Z_e + N\frac{Z_e}{A_e} \fallingdotseq 0.56\sqrt{\sigma_B} Z_o + N\frac{Z_o}{A_o} \qquad (7.1)$$

σ_B：コンクリートの圧縮強度 (N/mm^2)

長方形断面の場合，柱の曲げひび割れモーメントは下記の式で略算できる．

$$M_c = 0.56\sqrt{\sigma_B}\frac{bD^2}{6} + \frac{ND}{6}$$

例題 7.1
図 4.8（例題図 1）の柱 A の曲げひび割れモーメントを計算せよ．
【解答】 式 (7.1) より

$$M_c = 0.56\sqrt{\sigma_B}Z_e + N\frac{Z_e}{A_e}$$

$$\fallingdotseq 0.56\sqrt{\sigma_B}Z_o + N\frac{Z_o}{A_o}$$

$$= \left(0.56\sqrt{24} + \frac{2,000,000}{700 \times 700}\right) \times \frac{700 \times 700^2}{6}$$

$$= (2.74 + 4.08) \times 57.2 \times 10^6 = 390.1\,\text{kNm}$$

7.2.3 曲げ降伏モーメントと最大曲げモーメント

梁が一方向の曲げモーメントに対して配筋するのに対し，柱は，図 7.4 に示したように，X，Y の 2 方向の曲げモーメントに対して配筋しなければならない．四隅の主筋は両方向の曲げモーメントに対して有効に働くと考えている鉄筋である．

考えていない方向に対して配筋されている主筋（中間主筋と呼ぶ）も実際には働くが，設計上は無視することが多く，梁と同様に，引張主筋群と圧縮主筋群として考える．曲げひび割れ発生後における，鉄筋コンクリート柱断面のひ

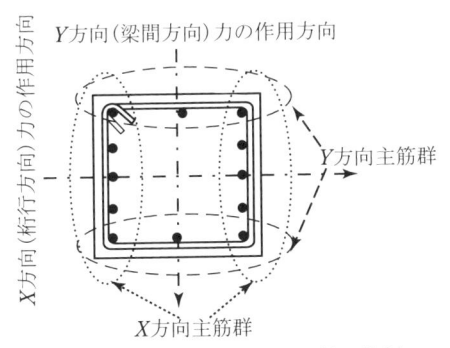

図 7.4 外力の作用方向と柱主筋の役割

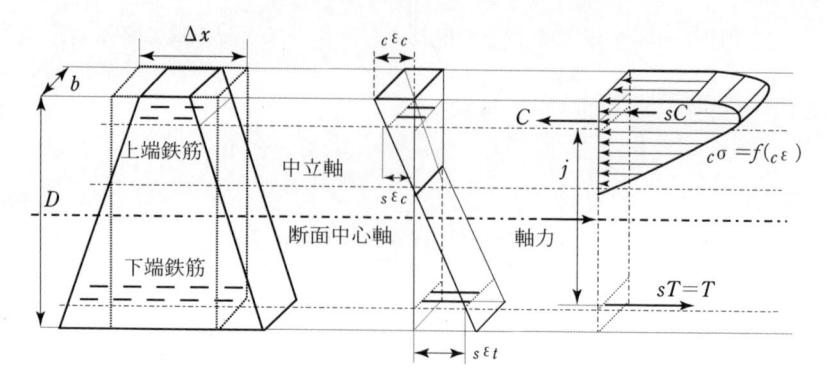

図7.5 断面ひずみ分布と応力分布

ずみ分布と応力度分布は，梁と同様に**図7.5**に示され，断面内の応力の釣合いは式(7.2)で表される．

$$N = C - T \tag{7.2}$$

N：軸力
C：圧縮鉄筋とコンクリートの負担力の和
T：引張鉄筋の負担力

軸力は断面の重心位置に作用しているので，コンクリートの応力をひずみの関数として表した上で，梁と同様に式(7.2)から中立軸距離 x_n を求めると，断面力による重心軸回りの抵抗モーメントを計算できる．

柱の軸力が小さい場合，梁の場合と同様に，引張鉄筋が降伏した後，曲げモーメントはさらに大きくなり，圧縮縁のコンクリートが圧縮破壊して耐力を失うが，圧縮軸力が高くなると，引張鉄筋が降伏する前に，圧縮鉄筋の降伏や圧縮側のコンクリートの圧縮破壊が生じ耐力を失う．図7.3に示すように，引張鉄筋降伏以前のコンクリートの圧縮破壊は，脆性的な破壊性状を示すので，柱の軸力はあまり大きくしてはいけない．

柱の曲げひび割れモーメントと最大曲げモーメントに及ぼす軸力の影響例を**図7.6**に示す．このように軸力が曲げひび割れモーメントと最大曲げモーメントに及ぼす影響は大きいので，柱に作用する軸力の大きさを正しく見積もることが重要である．とくに，軸力が大きくなると曲げひび割れモーメント以前に曲げ圧縮破壊が生じる可能性もある．地震時に軸力の変化の大きい隅柱や側柱

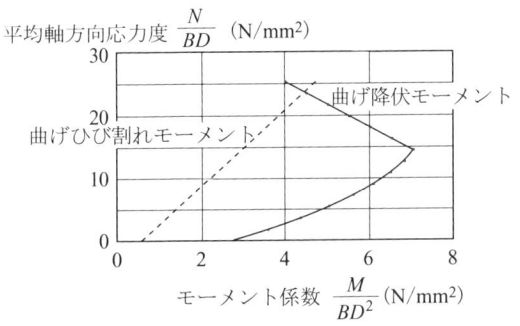

7.2 軸力と曲げモーメントを受ける柱の性状

図7.6 ひび割れモーメントと降伏モーメントの軸力の影響

では注意が必要である．柱の最大曲げモーメントは略算的に式(7.3)および式(7.4)で与えられる．

$N_{\max} \geq N \geq 0.4bD\sigma_B$ のとき

$$M = \{0.8a_t\sigma_y D + 0.12bD^2\sigma_B\}\left(\frac{N_{\max}-N}{N_{\max}-0.4bD\sigma_B}\right) \tag{7.3}$$

$0.4bD\sigma_B > N \geq 0$ のとき

$$M = 0.8a_t\sigma_y D + 0.5ND\left(1-\frac{N}{bD\sigma_B}\right) \tag{7.4}$$

M：最大曲げモーメント
$N_{\max}$：中心圧縮時最大強度 $(= bD\sigma_B + a_g\sigma_y)$
N：柱の軸方向力
a_t：引張主筋断面積　　a_g：主筋全断面積
b：柱幅　　D：柱せい
σ_y：主筋の降伏強度　　σ_B：コンクリートの圧縮強度

例題7.2

図4.8(例題図1)の柱Aの最大曲げモーメントを計算せよ．

【解答】

$0.4bD\sigma_B = 0.4 \times 700 \times 700 \times 24 = 4.7 \times 10^6 = 4{,}700\text{kN} > 2{,}000\text{kN}$

式(7.4)より

$M = 0.8 \times 387.5 \times 345 \times 700 + 0.5 \times 2{,}000{,}000 \times 700\left(1-\dfrac{2{,}000{,}000}{700\times 700 \times 24}\right)$

$ = 373.8 \times 10^6 + 700 \times (1-0.17)10^6 = 954.8\text{kNm}$

7.2.4 柱の曲げモーメントに対する検討

柱の長期および短期の許容曲げモーメントの算定に関する基本的な考え方は，梁と同様であり，5.5.2項で示したとおりである．前述したように圧縮軸力を大きくすることは危険なので，短期における軸力を柱のコンクリートの全断面積で除した値をコンクリート設計基準強度の 1/3 以下とすることが推奨されている．

柱の許容曲げモーメントは，梁と同様に，鉄筋とコンクリートを弾性とし，平面保持を仮定し，式 (7.2) の釣合いから，中立軸位置を求め，圧縮縁のコンクリート，圧縮鉄筋および引張鉄筋のいずれかが許容応力に達したときの曲げモーメントのうち最小のものとして得られるが，この計算は簡単ではない．軸力と許容曲げモーメントの関係をあらかじめ求めて計算図表を作成しておくか，計算機により計算する．

軸力と許容モーメントの関係は，日本建築学会「鉄筋コンクリート構造計算資料集[7-4]」10章に示されており，この図表の作成方法は，「鉄筋コンクリート構造計算規準[7-5]」の付録 9 に示されている．

例題 7.3

図 4.8（例題図 1）の柱 A の短期許容曲げモーメントを計算せよ．

【解答】 図 5.6 よりひずみ分布は直線となる．傾きを ϕ とする．

$$_c\varepsilon_c = x_n\phi, \quad _c\sigma_c = {_cE_c}{_c\varepsilon_c} = {_cE}x_n\phi$$

$$_s\varepsilon_c = (x_n - d_c)\phi, \quad _s\sigma_c = {_sE_s}{_s\varepsilon_c} = n_cE(x_n - d_c)\phi$$

$$_s\varepsilon_t = (d - x_n)\phi, \quad _s\sigma_t = {_sE_s}{_s\varepsilon_t} = n_cE(d - x_n)\phi$$

$$_cC = 0.5 x_n {_c\sigma_c} b = 0.5 \times x_n \times 24.7 \times 10^3 \times x_n\phi \times 700$$

$$_sC = {_sa_s}{_s\sigma_c} = 387 \times 5 \times 15 \times 24.7 \times 10^3 \times (x_n - 60)\phi, \quad \text{表 5.2 より } n=15$$

$$_sT = {_sa_s}{_s\sigma_t} = 387 \times 5 \times 15 \times 24.7 \times 10^3 \times (640 - x_n)\phi$$

(1) $x_n = 300 \text{mm}$ と仮定する

　(a) コンクリートが短期許容応力度に達するときの ϕ

$$_c\sigma_c = {_cE_c}{_c\varepsilon_c} = {_cE}x_n\phi, \quad _c\sigma_c = \frac{2}{3}F_c = 16, \quad \phi = \frac{16}{24.7 \times 10^3 \times 300}$$

$$= 0.002159 \times 10^{-3}$$

　(b) 圧縮鉄筋が短期許容応力度 f_t に達するときの ϕ

$$_s\sigma_c = n_cE(x_n - d_c)\phi, \quad _s\sigma_c = f_t = 345,$$

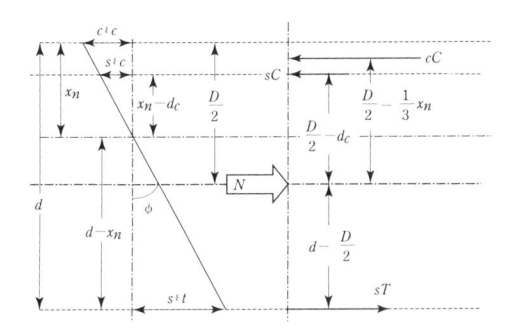

7.2 軸力と曲げモーメントを受ける柱の性状

$$\phi = \frac{345}{15 \times 24.7 \times 10^3 \times (300-60)} = 0.003880 \times 10^{-3}$$

（c）引張鉄筋が短期許容応力度 f_t に達するときの ϕ

$$_s\sigma_t = n_c E(d - x_n)\phi, \quad _s\sigma_t = f_t = 345,$$

$$\phi = \frac{345}{15 \times 24.7 \times 10^3 \times (640-300)} = 0.002739 \times 10^{-3}$$

（a）の場合が最も小さいので，$\phi = 0.002159 \times 10^{-3}$

$$_cC = 0.5 \times 300 \times 24.7 \times 300 \times 0.002159 \times 700 = 1679.8 \times 10^3\,\mathrm{N} = 1679.8\,\mathrm{kN}$$

$$_sC = 387 \times 5 \times 15 \times 24.7 \times (300-60) \times 0.002159 = 371.5\,\mathrm{kN}$$

$$_sT = 387 \times 5 \times 15 \times 24.7 \times (640-300) \times 0.002159 = 526.3\,\mathrm{kN}$$

$$_cC + {_sC} - {_sT} = 1{,}679.8 + 371.5 - 526.3 = 1{,}525\,\mathrm{kN} < 2{,}000\,\mathrm{kN}$$

$x_n > 300\,\mathrm{mm}$ と考えられる．

（2）$x_n = 400\,\mathrm{mm}$ と仮定する

（a）コンクリートが短期許容応力度に達するときの ϕ

$$_c\sigma_c = \frac{2}{3}F_c = 16, \quad \phi = \frac{16}{24.7 \times 10^3 \times 400} = 0.001619 \times 10^{-3}$$

（b）圧縮鉄筋が短期許容応力度 f_t に達するときの ϕ

$$_s\sigma_c = f_t = 345, \quad \phi = \frac{345}{15 \times 24.7 \times 10^3 \times (400-60)} = 0.002739 \times 10^{-3}$$

（c）引張鉄筋が短期許容応力度 f_t に達するときの ϕ

$$_s\sigma_t = f_t = 345, \quad \phi = \frac{345}{15 \times 24.7 \times 10^3 \times (640-400)} = 0.003880 \times 10^{-3}$$

（a）の場合が最も小さいので，$\phi = 0.001619 \times 10^{-3}$

$$_cC = 0.5 \times 400 \times 24.7 \times 400 \times 0.001619 \times 700 = 2{,}239.4\,\mathrm{kN}$$

$$_sC = 387 \times 5 \times 15 \times 24.7 \times (400-60) \times 0.001619 = 394.6\,\mathrm{kN}$$

$$_sT = 387 \times 5 \times 15 \times 24.7 \times (640-400) \times 0.001619 = 278.6\,\mathrm{kN}$$

$$_cC + {_sC} - {_sT} = 2{,}239.4 + 394.6 - 278.6 = 2{,}355.4\,\text{kN} > 2{,}000\,\text{kN}$$

$x_n < 400\,\text{mm}$ と考えられる。

(1)と(2)の関係を右図に示す。

$$\frac{2{,}000 - 1{,}525}{x - 300} = \frac{2{,}355 - 1{,}525}{400 - 300}$$

$$x = 300 + \frac{475 \times 100}{830} = 357\,\text{mm}$$

（3） $x_n = 357\,\text{mm}$ と仮定する

（a）コンクリートが短期許容応力度に達するときの

$$\phi = \frac{16}{24.7 \times 10^3 \times 357} = 0.001814 \times 10^{-3}$$

（b）圧縮鉄筋が短期許容応力度 f_t に達するときの

$$\phi = \frac{345}{15 \times 24.7 \times 10^3 \times (357 - 60)} = 0.003135 \times 10^{-3}$$

（c）引張鉄筋が短期許容応力度 f_t に達するときの

$$\phi = \frac{345}{15 \times 24.7 \times 10^3 \times (640 - 357)} = 0.003290 \times 10^{-3}$$

（a）の場合が最も小さいので、$\phi = 0.001814 \times 10^{-3}$

$$_cC = 0.5 \times 357 \times 24.7 \times 357 \times 0.001814 \times 700 = 1{,}998.7\,\text{kN}$$
$$_sC = 387 \times 5 \times 15 \times 24.7 \times (357 - 60) \times 0.001814 = 386.2\,\text{kN}$$
$$_sT = 387 \times 5 \times 15 \times 24.7 \times (640 - 357) \times 0.001814 = 368.0\,\text{kN}$$
$$_cC + {_sC} - {_sT} = 1{,}998.7 + 386.2 - 368.0 = 2017\,\text{kN} \fallingdotseq 2000\,\text{kN}$$

約 0.8% の誤差であるので、$x_n = 357\,\text{mm}$ とする。

断面の中心軸周りの曲げモーメントを計算すると、下式となる。

$$M = {_cC} \times \left(\frac{D}{2} - \frac{x_n}{3}\right) + {_sC}\left(\frac{D}{2} - d_c\right) + {_sT}\left(d - \frac{D}{2}\right)$$

$$= 1{,}998.7 \times 231 + 386.0 \times 290 + 368.0 \times 290$$

$$= 680.4 \times 10^3 = 680.4\,\text{kNm}$$

注） 精算すると、$x_n = 354.9\,\text{mm}$ となり、そのときの $\phi = 0.001825 \times 10^{-3}$ となる。

$$_cC = 1{,}987.2\,\text{kN},\quad {_sC} = 385.8\,\text{kN},\quad {_sT} = 373.0\,\text{kN}$$

$$_cC + {_sC_s} - {_sT} = 2{,}000\,\text{kN}$$

$M = 680.5\,\text{kNm}$ となるが、約 0.1% の違いしかない。

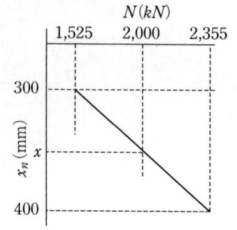

7.3 曲げモーメントとせん断力を受ける柱の性状

7.3.1 曲げモーメントとせん断力を受ける柱の力学的性状

　建築物が地震などの水平外力を受けると，図4.6に示したように，梁と同様，柱にも曲げモーメントとせん断力が同時に作用する．軸力と曲げモーメント，せん断力を同時に受ける部材の力学的性状を知るためには，図6.2に示す加力模式図に軸力を加える形で実験を行う．

　せん断力と両スタブ間の相対変形の関係を図7.7に，試験終了後の破壊状況を写真7.2に示す．いずれも曲げ降伏以前にせん断破壊したものである．軸力が作用すると，せん断耐力は増大するが，最大耐力後の変形性能は低下する．せん断強度と軸力の関係の例を図7.8に示す．

　軸力が小さい場合には，軸力の増大にほぼ比例してせん断耐力が増加するが，軸力がある程度以上高くなると，せん断補強筋の降伏以前にコンクリートの圧縮破壊が発生するために，せん断耐力の増加は期待できなくなる．せん断破壊は，脆性的な性状を示す破壊であるので，建物の自重を支えている柱は，せん断破壊が生じないように注意することがとくに重要である．

7.3.2 せん断ひび割れ強度とせん断終局強度

（1） せん断ひび割れ強度

　梁で述べたように，せん断ひび割れ強度に対しては，弾性論で考えても支障はない．柱は，軸力によって曲げひび割れ強度も高くなっているので，この傾向はより強い．式(6.2)に軸力の効果を考えると式(7.5)が導かれる．

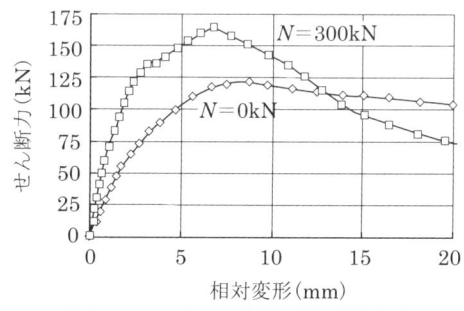

図7.7　せん断力と相対変形の関係[7-2]

116　第7章　軸力，曲げモーメントおよびせん断力を受ける柱

$\dfrac{N}{bD_C\sigma_B}=0.4$ 　　　$\dfrac{N}{bD_C\sigma_B}=0.6$

写真7.2　軸力，曲げモーメントとせん断力を受ける柱の破壊性状[7-2]

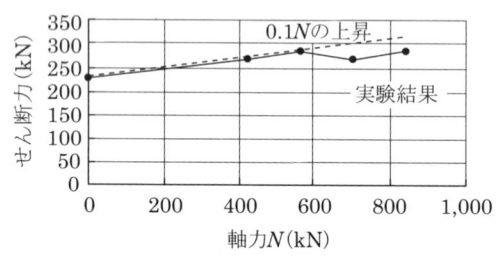

図7.8　せん断強度と軸力の関係 $\left(\dfrac{M}{Qd}=1.5\right)$[7-2]

$$Q_c=\dfrac{\sqrt{\sigma_{ct}^2+\sigma_{ct}\sigma_o}}{\kappa}bD \tag{7.5}$$

σ_o：平均軸方向応力 $\left(=\dfrac{N}{bD}\right)$

$\sigma_{ct}=0.33\sqrt{\sigma_B}$ (N/mm²)

σ_B：コンクリート圧縮強度 (N/mm²)

κ：断面形状係数，長方形断面の場合は1.5としてよい

b：柱幅

D：柱せい

例題7.4

図4.8（例題図1）の柱Aのせん断ひび割れ強度を計算せよ．

【解答】 式(7.5)より計算する．

$$\sigma_o = \frac{N}{bD} = \frac{2,000,000}{700 \times 700} = 4.08\,\text{N/mm}^2$$

$$\sigma_{ct} = 0.33\sqrt{24} = 0.33 \times 4.90 = 1.62\,\text{N/mm}^2$$

$$Q_c = \frac{\sqrt{\sigma_{ct}^2 + \sigma_{ct}\sigma_o}}{\kappa}bD = \frac{\sqrt{1.62^2 + 1.62 \times 4.08}}{1.5} \times 700 \times 700 = 992\,\text{kN}$$

(2) せん断終局強度

せん断力終局強度に及ぼす軸力の影響を図7.8に示したが，せん断終局強度の増加は軸力のほぼ0.1倍となっている．軸力が600 kN(平均軸方向応力度で15 N/mm²)を超えると増加しなくなる．この応力は，試験体のコンクリート圧縮強度(31 N/mm²)の約0.5倍である．

柱のせん断終局強度下限値($_cQ_{u\min}$)は，梁のせん断終局強度式である式(6.3)と図7.8の関係を利用して，式(7.6)で示すことが多い．

$$_cQ_{u\min} = Q_{u\min} + 0.1\sigma_o bj \tag{7.6}$$

ただし，$\sigma_o \leqq 0.4\sigma_B$

例題7.5

図4.8(例題図1)の柱 A のせん断終局強度を計算せよ．

【解答】 式(7.6)より計算する．

$$k_p = 2.36 \times \left(\frac{387 \times 5}{700 \times 640}\right)^{0.23} = 0.67$$

$$p_w = \frac{2 \times 127}{700 \times 75} = 0.00484$$

$$\sigma_o = 4.08\,\text{N/mm}^2$$

梁と同様に，柱も上下対称の曲げモーメントになっていると考えて，

$$Q = \frac{2M}{2,800},\quad \frac{M}{Q} = 1,400,\quad \frac{M}{Qd} = \frac{1,400}{640} = 2.19$$

$$Q_{u\min} = \left\{\frac{0.092 \times 0.72 \times 0.67 \times 42}{2.19 + 0.12} + 0.85\sqrt{0.00484 \times 295} + 0.1 \times 4.08\right\}$$

$$\times 700 \times 640 \times \frac{7}{8} = (0.807 + 1.016 + 0.408) \times 700 \times 560$$

$$= 874.6\,\text{kN}$$

(参考) せん断ひび割れ強度よりせん断終局強度下限値の方が小さいので，この柱は曲げ降伏しない場合，曲げせん断ひび割れが進展してせん断破壊にいたるものと

考えられる．曲げ降伏とせん断破壊のどちらが先行するかについては例題 7.6 で考える．

7.3.3 柱のせん断破壊防止の検討

構造設計に際して，柱も梁と同様に構造物が最終崩壊形に達したときにも，せん断破壊が生じないように配慮しなければならない．構造物全体が崩壊形に達したときの柱のせん断応力を設計用のせん断応力として，式 (7.6) で計算するせん断終局強度が設計用せん断応力より大きくなるようにしなければならない．柱のせん断破壊は，梁のせん断破壊に比較して，建物全体の崩壊に及ぼす影響が強いので，設計用応力に対するせん断強度の安全余裕度を，梁よりも高くすることが望ましい．

許容応力度設計においては，建物全体の崩壊形を計算しないので，柱の設計用せん断応力を柱と梁を含む部分骨組みでの降伏形から考えている．

柱の短期設計用せん断力を考える部分骨組みの降伏形としては，柱頭と柱脚が降伏したとき（**図 7.9(a)**）と柱頭につながる梁と柱脚が降伏したとき（図 7.9 **(b)**）の 2 通りを考える．

建物の崩壊形が梁の降伏によって生じ，図 7.9 に示す柱を含む部分降伏形が生じない場合には，弾性骨組み応力解析で得られた，長期荷重による柱のせん断力と水平荷重による柱のせん断力の 1.5 倍との和以上の応力を短期設計用せん断力としてもよい．

柱とその柱の柱頭につながる梁の降伏形を求める際，梁の降伏曲げモーメン

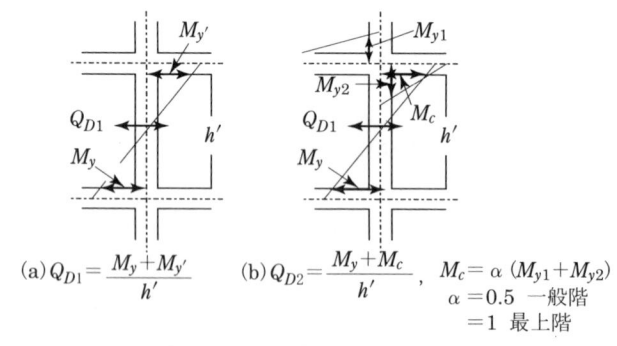

(a) $Q_{D1} = \dfrac{M_y + M_y'}{h'}$ (b) $Q_{D2} = \dfrac{M_y + M_c}{h'}$, $M_c = \alpha\,(M_{y1} + M_{y2})$
$\alpha = 0.5$ 一般階
$= 1$ 最上階

図 7.9 柱の設計用せん断力の計算

7.3 曲げモーメントとせん断力を受ける柱の性状　119

トの計算には式(6.14)を用い，柱の降伏曲げモーメントの計算は式(7.3)と式(7.4)を用いるが，$N \geqq 0.4bD\sigma_B$ のときには，安全側の値として，式(7.7)を使用する．ただし，設計に際しては，コンクリート圧縮強度(σ_B)の代わりに設計基準強度(F_c)を使用する．

$$M = 0.8a_t\sigma_y D + 0.12bD^2\sigma_B \tag{7.7}$$

　一方，柱のせん断ひび割れやせん断破壊が骨組みの剛性や崩壊に及ぼす影響は，梁の場合と比較して格段に大きいことを考慮して，柱の許容せん断強度は，梁よりもせん断ひび割れ強度やせん断終局強度に対して余裕をもたせて定められている．

　長期応力に対しては，柱にはせん断ひび割れが発生しないことを原則にし，さらに，軸力の効果を無視して式(7.8)による．短期応力に対しては，せん断スパン比による効果を無視して式(7.9)による．

$$_cQ_{AL} = \alpha f_{sL} bj \tag{7.8}$$

$$_cQ_{AS} = \{f_{ss} + 0.5_w f_t(p_w - 0.002)\}bj \tag{7.9}$$

$_cQ_{AL}$：柱の長期許容せん断強度

　f_{sL}：コンクリート長期許容せん断応力度

　　α：せん断スパン比による係数　　$\alpha = \dfrac{4}{\dfrac{M}{Qd}+1}$　かつ，$1 \leqq \alpha \leqq 2$

$_cQ_{AS}$：短期許容せん断強度

　f_{ss}：コンクリート短期許容せん断応力度

　$_wf_t$：せん断補強筋の短期許容引張応力度

　p_w：せん断補強筋比．0.2％以上配筋するものとし，1.2％を超える場合には1.2％として計算する．

例題7.6

図4.8(例題図1)の柱Aの設計用せん断力と許容せん断力を計算し，短期荷重時のせん断破壊防止について許容応力度に基づき検定せよ．

【解答】　短期設計用せん断力 Q_D の計算は，図7.9による．梁の降伏曲げモーメントは例題6.3より

$$M_y = 230.7 \text{kNm}$$

柱の降伏曲げモーメントは最大曲げモーメントをとることとして，例題7.2より
$$M_y = 954.8 \text{kNm}$$

図7.9(a)より　$Q_D = \dfrac{2 \times 954.8}{2.800} = 682.0 \text{kN}$

図7.9(b)より　$Q_D = \dfrac{954.8 + a \times 2 \times 230.7}{2.800} = 423.4 \text{kN} \ (a = 0.5)$

この柱の降伏形成立時のせん断力は，423.4kNとなる．これは例題7.5で計算したせん断終局強度下限値の，874.6kNより小さいので，この骨組みはせん断破壊することなく曲げ降伏することがわかる．

短期許容せん断力は，式(7.9)より計算する．

$$_cQ_{AS} = \{f_{ss} + 0.5_w f_t (p_w - 0.002)\} bj$$
$$= (1.11 + 0.5 \times 295 \times 0.00284) \times 700 \times 560 = 599 \text{kN}$$
$$_cQ_{AS} = 599 \text{kN} > Q_D = 505.8 \text{kN} \text{ なので OK}.$$

7.3.4　柱主筋とコンクリートとの付着

主筋とコンクリートとの付着に対し，軸力の影響はほとんどないので，柱主筋の付着，定着および，継手に関しては梁の場合と同様である．6.2.4項に従って設計を行う．

7.3.5　変形性能と復元力特性

軸力は，鉄筋コンクリート部材のせん断力と変形との関係(復元力特性)と変形性能に大きな影響を及ぼす．せん断補強筋比が1.07％とせん断補強が十分な場合について，繰返し曲げせん断を受ける鉄筋コンクリート柱の荷重と変形の関係を**図7.10**に示す．平均軸方向力をコンクリート強度で除した軸力比(η_0)で示しているが，$\eta_0 = 0.6$のように軸力が大きくなると最大耐力時の変形が小さくなり変形性能が少なくなる．

一方，せん断力と変形の関係において，変形15mmにおける繰り返し1サイクル分の履歴面積に薄墨をかけて示している．これを見ると，$\eta_0 = 0.3$と軸力が小さいときには同一変形での繰返しの履歴面積が小さく，変形軸近くでスリップする逆S字の形をしているのに対し，軸力が大きいときにはせん断力と変形の関係が紡錘形をして履歴面積が大きくなっている．

このように，せん断補強筋量が十分であれば，軸力が大きくなると変形性能

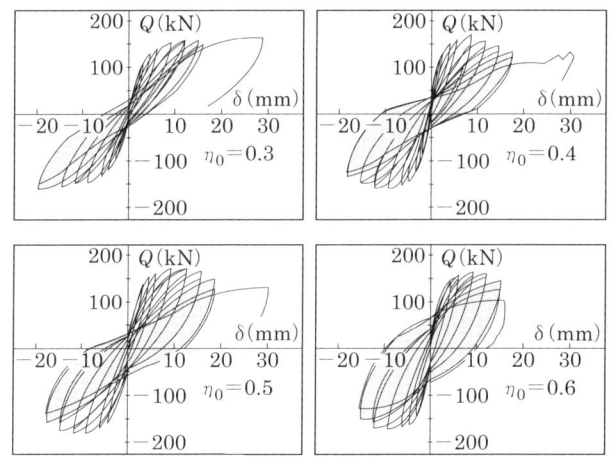

図 7.10 変形性能と復元力特性に及ぼす軸力の影響[7-3]

は低下するが，履歴面積が大きくエネルギー吸収能は大きくなる．本章の最初に述べたように，地震時の変形を考慮した上で，柱には十分な変形性能とエネルギー吸収能力を持たせるように設計することが重要である．

練習問題 7

1. 図 4.8（例題図 1）の柱 A のコンクリート強度（設計基準強度）を $27\,\text{N/mm}^2$ に変更し，鉄筋 D22 を D19 に変更した場合の曲げひび割れモーメントを計算せよ．
2. 図 4.8（例題図 1）の柱 A のコンクリート強度（設計基準強度）を $27\,\text{N/mm}^2$ に変更し，鉄筋 D22 を D19 に変更した場合の最大曲げモーメントを計算せよ．
3. 図 4.8（例題図 1）の柱 A のコンクリート強度（設計基準強度）を $27\,\text{N/mm}^2$ に変更し，鉄筋 D22 を D19 に変更した場合の短期許容曲げモーメントを計算せよ．
4. 図 4.8（例題図 1）の柱 A のコンクリート強度（設計基準強度）を $27\,\text{N/mm}^2$ に変更し，鉄筋 D22 を D19 に変更した場合のせん断ひび割れ強度を計算せよ．
5. 図 4.8（例題図 1）の柱 A のコンクリート強度（設計基準強度）を $27\,\text{N/mm}^2$ に変更し，鉄筋 D22 を D19 に変更した場合のせん断終局強度を計算せよ．
6. 図 4.8（例題図 1）の柱 A と梁 A のコンクリート強度（設計基準強度）を $27\,\text{N/mm}^2$ に変更し，鉄筋 D22 を D19 に変更した場合の設計用せん断力と許容せん断力

を計算し，短期荷重時のせん断破壊防止について許容応力度に基づき検定せよ．
7．柱の曲げ耐力と軸力の関係を表す図を簡単に図示し，説明せよ．
8．せん断補強筋の柱の性能に及ぼす効果について説明せよ．
9．柱の変形性能を向上させるためにはどのようにすればよいか．

第8章

梁の応力を柱に伝達させる柱梁接合部

柱と梁の接合部分は，上階の柱の応力を下階の柱に伝達するとともに梁の応力を柱に伝達する役目を持っている．梁の主筋と柱の主筋は連続していないので，これらの応力はコンクリートを介して伝達される．

本章では，柱梁接合部における応力伝達の機構と応力伝達の検証法について説明する．

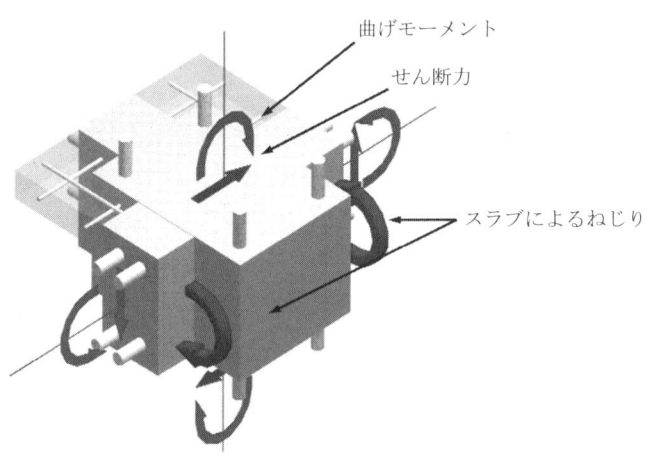

柱梁接合部に作用する応力

8.1　柱梁接合部の構造

　地震力を受ける骨組みの曲げモーメント図は図4.6に示すようになる．柱と梁の交差部を柱梁接合部 (beam column joint) と呼び，この柱梁接合部では，柱主筋を通し，これを帯筋で拘束したコアコンクリート内に，梁主筋を通すかあるいは定着する．こうすれば，柱梁接合部内部のコンクリートを拘束でき，梁主筋の柱梁接合部内の付着や定着を有効に確保できる．

　柱と梁の端部曲げモーメントを，柱梁接合部を通して，相互に伝達させる必要があるので，柱梁接合部には逆対称の曲げモーメントが作用し，大きなせん断力が生じている．柱や梁の断面寸法は，施工性も考慮して定められるので，低層の建物では，一般的に，柱や梁の断面はせん断力に対して余裕があり，柱梁接合部のせん断破壊が柱や梁の曲げ破壊に先行して生じることはない．

　しかし，高層の建物のように高強度のコンクリートを使用した場合，地震時に，柱梁接合部にせん断ひび割れが発生し，耐震性を大きく損なう恐れが生じる．柱梁接合部にひび割れが発生すると，補修や補強が困難なので，柱梁接合部の破壊が，柱や梁の曲げ破壊よりも先行することのないように設計する必要がある．

　柱梁接合部内の帯筋は，接合部のせん断強度を上昇させる効果は少ないが，接合部のコアコンクリートを拘束して，隣接部材との一体性の確保，梁降伏後の靱性の確保や接合部内に曲げ定着される梁主筋の定着性能の向上には効果が

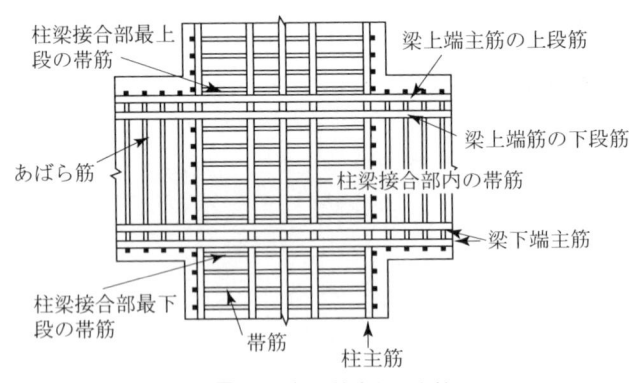

図8.1　柱梁接合部の配筋

大きい．鉄筋コンクリート構造計算規準[8-3]では，柱梁接合部内における帯筋の量は0.2％以上とし，帯筋の間隔は柱の帯筋間隔の1.5倍以下と定めている．

また，**図8.1**に示すように，最上段の梁主筋の直上および最下段の梁主筋の直下に帯筋を配し，梁主筋間に均等に配筋することとしている．このことから，柱主筋の帯筋も接合部内における最上段の梁主筋直上および最下段の梁主筋直下を基点として配筋するのがよい．

8.2 柱梁接合部の力学的挙動

8.2.1 柱梁接合部の地震時挙動

柱梁接合部は，**図8.2**に示すように，部位によって形状が異なり，4種類に分類される．図に示す骨組みに対して直交方向の梁の有無も，接合部のせん断強度に影響するので，さらに細分化される．柱梁接合部の地震時挙動を調べるための実験は，建物の中央部の十字形接合部で代表することが多いが，外端部のト形接合部の実験も多い．

十字形接合部の力学的な性状を調べるために行った加力と変形測定の模式図

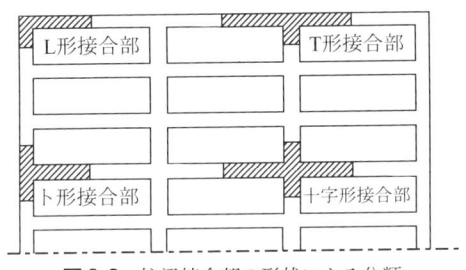

図8.2 柱梁接合部の形状による分類

を**図8.3**に，層せん断力と層間変形の関係の例を**図8.4**に，最終破壊状況を**写真8.1**に示す．

写真8.1に示した試験体は，最初に梁に曲げひび割れが発生し，さらに，柱の曲げひび割れ，梁のせん断ひび割れ，柱のせん断ひび割れが発生した後，柱梁接合部にせん断ひび割れが発生している．荷重の増加とともに，柱梁接合部のせん断ひび割れが開き，梁の曲げ破壊が進行し，層間変形が増大している．

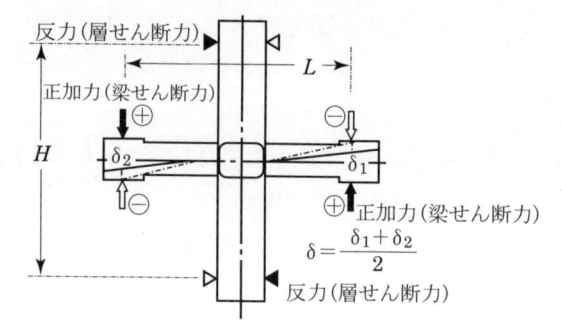

126　第8章　梁の応力を柱に伝達させる柱梁接合部

図 8.3　柱梁接合部実験模式図[8-2]

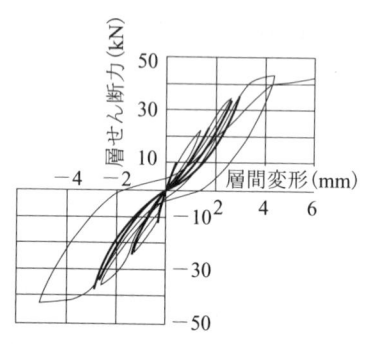

図 8.4　層せん断力と層間変形の関係[8-2]

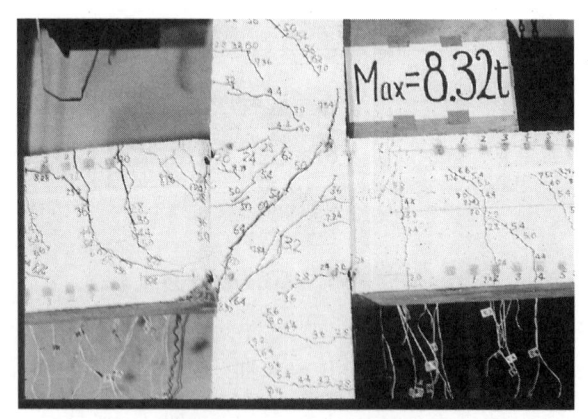

写真 8.1　柱梁接合部破壊[8-1]

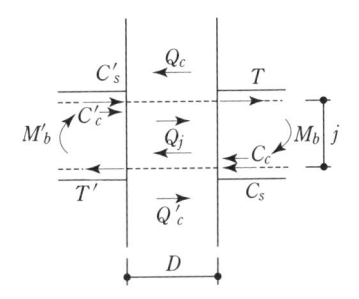

図 8.5 十字形柱梁接合部回りの応力状態[8-3]

この試験体の最終的な破壊形式は梁端の曲げ圧縮破壊である．

十字形接合部周りの水平荷重時応力を**図 8.5**に示す．図中の記号を用い，柱梁接合部に作用している水平せん断力 (Q_j) を式 (8.1) で考える．

$$Q_j = T + C_c' + C_s' - Q_c = T + T' - Q_c = \sum \frac{M_b}{j} - Q_c \quad (8.1)$$

柱のせん断力 Q_c は図 8.3 の階高 H とスパン長 L を用いて，式 (8.2) によって梁端の曲げモーメント M_b で表すことができるので，柱梁接合部に作用するせん断力は M_b を用いて式 (8.3) で表すことができる．

$$Q_c = \sum \frac{M_b}{H\left(1 - \dfrac{D}{L}\right)} \quad (8.2)$$

$$Q_j = \sum \frac{M_b}{j} - Q_c = \sum \frac{M_b(1 - \xi)}{j} \quad (8.3)$$

$$\xi = \frac{j}{H\left(1 - \dfrac{D}{L}\right)}$$

柱梁接合部内でのせん断応力度は必ずしも一様ではないが，柱梁接合部の平均せん断応力度 (τ_j) としては，一般的には，式 (8.1) で求めた水平せん断力を柱梁接合部の有効幅 (b_j) と有効せい (D_j) で除して求める．

$$\tau_j = \frac{Q_j}{b_j D_j}$$

接合部の有効幅 (b_j) は，一般的には，**図 8.6**に示されるように梁幅と柱幅の平均 (b_{a1}) を基本として，梁が偏心して柱に接合される場合には，柱断面の

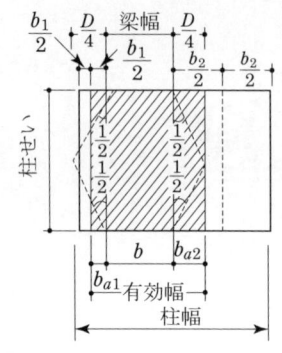

図 8.6 柱梁接合部の有効幅[8-3] 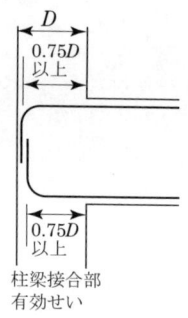　　図 8.7 柱梁接合部の有効せい[8-3]

うち梁の側面から柱せいの 0.25 倍を超える部分については寄与しないものとする (b_{a2}).

接合部の有効せいは，十字形接合部と T 形接合部の場合は通し配筋と考えて柱せいと等しく，ト形接合部と L 形接合部の場合には図 8.7 に示すように梁主筋の定着部への水平投影長さとするのが一般的である．

8.2.2 せん断ひび割れ強度

柱梁接合部のせん断ひび割れ強度は，発生までは弾性と考えて計算できる．柱梁接合部内の最大引張応力度 (σ) と，上階の柱軸力 (σ_o)，柱梁接合部内のせん断応力度 (τ_j) の関係は式 (8.4) で表すことができる．

$$\sigma = \sqrt{\left(\frac{\sigma_o}{2}\right)^2 + \tau_j^2} - \frac{\sigma_o}{2} \tag{8.4}$$

柱梁接合部のせん断ひび割れは，柱と同様に，柱梁接合部の最大引張応力度がコンクリートの引張強度 (σ_t) を超えたときに発生するものと考えると，せん断ひび割れ発生時のせん断応力度 (τ_{jc}) は，式 (8.5) で導かれる．

$$\tau_{jc}^2 = \sigma_t^2 + \sigma_t \sigma_o \tag{8.5}$$

柱梁接合部の実験によるせん断ひび割れ強度から，コンクリートの引張強度を逆算すると，コンクリートの引張強度は，圧縮強度 (σ_B) の平方根にほぼ比例し，比例係数は 0.3～0.6 である．平均的な値としてコンクリートの引張り強度は式 (8.6) で示されており，梁や柱の曲げひび割れ強度算定の場合よりやや低い値となっている．

$$\sigma_t = 0.5\sqrt{\sigma_B} \tag{8.6}$$

例題 8.1

図 4.8（例題図 1）の柱梁接合部 A のせん断ひび割れ強度を計算せよ。梁は柱の中央に接合されている。

【解答】 式 (8.6) と式 (8.5) により計算する。

$$\sigma_t = 0.5\sqrt{24} = 2.45\,\text{N/mm}^2$$

例題 7.4 より $\sigma_o = 4.08\,\text{N/mm}^2$

$$\tau_{jc} = \sqrt{2.45^2 + 2.45 \times 4.08} = 4.00\,\text{N/mm}^2$$

$$D_j = 700$$

$$b_j = \frac{700 + 300}{2} = 500\,\text{mm} < 300 + 2 \times \frac{700}{4} = 650\,\text{mm}$$

$$Q_{jc} = \tau_{jc} b_j D_j = 4.00 \times 500 \times 700 = 1{,}400\,\text{kN}$$

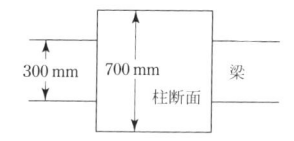

8.2.3 せん断終局強度

十字形およびト形の柱梁接合部のせん断終局強度 Q_{ju} に関する実験は数多く行われ、各種のせん断終局強度式が提案されているが、式 (8.7) が、梁や柱の降伏以前に接合部破壊した試験体に対し、コンクリート強度の広い範囲において適合性がよいとされている。

$$Q_{ju} = 0.8 \kappa \phi \sigma_B^{0.7} b_j D_j \tag{8.7}$$

$\kappa = 1.0$（十字形接合部），0.7（T 形、ト形接合部），

　　0.4（L 形接合部）

ϕ：直交梁の有無による補正係数

柱梁接合部には、曲げモーメントがほとんど作用せず、せん断応力が卓越している。柱梁接合部のせん断終局強度は、式 (8.7) からわかるように、せん断補強筋の影響が小さく、柱梁接合部のコンクリート強度と体積で定まる。この点が、柱や梁のせん断終局強度の場合と比較して異なる点である。

柱や梁の構造計算において、設計応力が許容応力を超えた場合、断面寸法を変えずに配筋を変更することで設計が可能になる場合が多いが、柱梁接合部の

場合には断面寸法やコンクリートの設計基準強度の変更が必要となる．

例題 8.2

図 4.8（例題図 1）の柱梁接合部 A のせん断強度を計算せよ．直交梁が接続しているものとする．

【解答】 式 (8.7) により計算する．

$\kappa = 1.0$（十字形接合部）

$\phi = 1.0$（直交梁有）

$Q_{ju} = 0.8 \times 1.0 \times 1.0 \times 24^{0.7} \times 500 \times 700$

$\phantom{Q_{ju}} = 0.8 \times 9.25 \times 500 \times 700 = 2{,}590 \, \text{kN}$

8.2.4 許容応力度設計

柱梁接合部のせん断終局強度がコンクリートの強度と体積で定まるので，短期の荷重に対して検討しておけば，長期荷重時においてはせん断ひび割れが発生しないものと考えられる．

「鉄筋コンクリート構造計算規準」[8-3] では，地震時に柱梁接合部が安全であることを検討するために，短期設計用せん断力が短期許容せん断力を上回らないことを確認することとし，長期荷重時の検討は行わなくてもよいとしている．

（1） 短期設計用せん断力

階高 H，スパン長 L のラーメンにおける柱梁接合部短期設計用せん断力 (Q_{Dj}) は式 (8.3) における M_b を M_y と置換して，式 (8.8) で与えられる．

$$Q_{Dj} = \sum \frac{M_y(1-\xi)}{j} \tag{8.8}$$

$$\xi = \frac{j}{H\left(1 - \dfrac{D}{L}\right)}$$

設計の手順からいえば，一般的には，柱梁接合部のせん断力に対する検討をするときには，柱のせん断力に対する検討が終了しているので，柱梁接合部の短期設計用せん断力は柱の短期設計用せん断力 (Q_D) を用いて式 (8.9) で求めることもできる．

$$Q_{Dj} = Q_D \frac{1-\xi}{\xi} \tag{8.9}$$

柱の短期設計用せん断力を，図7.9に示す梁降伏メカニズムに基づいて求めている場合には，式(8.8)，(8.9)のいずれを用いても同じ結果となる．しかし，柱の設計用せん断力を，強度型(崩壊形に基づかず弾性骨組み応力解析で得られた長期荷重時の柱のせん断力と水平荷重時の柱のせん断力を，1.5倍した値との和以上とする方法)で求めている場合には，柱梁接合部の短期設計用せん断力は式(8.9)を用いることとなろう．

(2) 短期許容せん断力

柱梁接合部の短期許容せん断力(Q_{Aj})は，柱梁接合部の終局せん断強度を求める式(8.7)を安全側かつ簡略化した次の手順で誘導し，式(8.11)と定めている．

① 接合部の形状による係数 κ はそのまま用いる．
② 補正係数 ϕ は直交梁がないものとして0.85とする．
③ コンクリート強度の関数 $\sigma_B^{0.7}$ を短期許容せん断応力度 f_s の一次関数である式(8.10)に置換する．$\sigma_B^{0.7}$ と f_s の関係を**図8.8**に示すが，鉄筋コンクリート構造計算規準での f_s の適用範囲は，$0.9\,\text{N/mm}^2 (F_C = 18\,\text{N/mm}^2)$ 以上なのでほぼ近似できる．

$$\sigma_B^{0.7} = 15.4(f_s - 0.5) \tag{8.10}$$

④ 接合部の有効せい D_j は，十字形接合部とT形接合部の場合は通し配筋と考えて柱せいとし，ト形接合部とL形接合部の場合には図8.7に示す

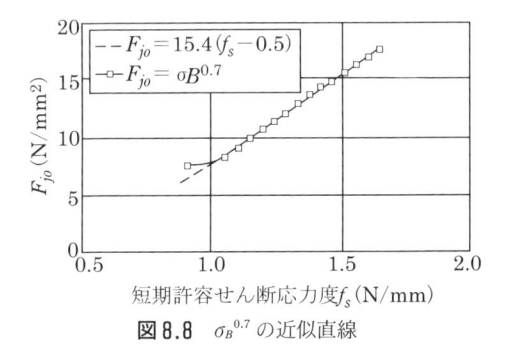

図8.8 $\sigma_B^{0.7}$ の近似直線

ように梁主筋の定着部への水平投影長さが柱せいの 0.75 倍以上であることを基準に考える．

梁主筋の定着水平投影長さ (l_{dh}) を柱せいの 0.75 倍より短くする場合には，式 (8.12) に定める係数 ϕ_A を用いて低減しなければならない．接合部の有効幅は 8.2.1 項と同じ考え方とする．

$$Q_{Aj} = \phi_A \kappa_A (f_s - 0.5) b_j D \tag{8.11}$$

Q_{Aj}：柱梁接合部の短期許容せん断力

$\kappa_A = 10$（十字形接合部），7（T 形接合部），

5（ト形接合部），3（L 形接合部）

f_s：コンクリートの短期許容せん断応力度

b_j：接合部の有効幅

D：柱せい

$$\phi_A = \frac{l_{dh}}{0.75D} \quad \text{かつ} \quad \phi_A \leq 1.0 \tag{8.12}$$

例題 8.3

図 4.8（例題図 1）の柱梁接合部 A の設計用せん断力と許容せん断力を計算し，短期荷重時のせん断破壊防止について許容応力度に基づき検定せよ．

【解答】 設計用せん断力は，式 (8.8) で計算する．

梁の降伏曲げモーメントは例題 6.3 により

$$M_y = 230.7\,\text{kNm}, \quad L = 3{,}500 + 3{,}500 + 700 = 7{,}700$$

$$\xi = \frac{j}{H\left(1 - \dfrac{D}{L}\right)} = \frac{560}{3{,}500\left(1 - \dfrac{700}{7{,}700}\right)} = 0.176$$

$$Q_{Dj} = \sum \frac{M_y(1-\xi)}{j} = \frac{2 \times 230{,}700 \times (1 - 0.176)}{560} = 679\,\text{kN}$$

許容せん断力は，式 (8.11) で計算する．

十字形接合部，通し配筋なので，$\kappa_A = 10$（十字形接合部）$\phi_A = 1.0$

$$\begin{aligned}
Q_{Aj} &= \phi_A \kappa_A (f_s - 0.5) b_j D \\
&= 1.0 \times 10 \times (1.11 - 0.5) \times 500 \times 700 \\
&= 2{,}135\,\text{kN} > 679\,\text{kN} = Q_{Dj}
\end{aligned}$$

8.3 通し主筋の付着

　柱梁接合部内を貫通して配筋した梁主筋が，柱梁接合部内で付着劣化して抜け出してくると，梁の降伏時の変形が大きくなる．さらに繰返し荷重を受けると**図 8.9(a)**のように変位零近辺での履歴面積が少なくなって地震時のエネルギー吸収能力が低下し，架構としての復元力特性のエネルギー吸収性能も劣化する．

　これを防止して，図 8.9(b)のようにするには，通し配筋された梁主筋において，接合部の片側で引張降伏が，反対側で圧縮降伏が生じても，接合部内において付着破壊が生じないようにしておけばよい．このときの梁主筋の接合部内における平均付着応力度（τ_{bj}）は式（8.13）で表されるので，これを小さくするためには，主筋の径（d_b）と柱せい（D）の比を小さくすることが必要である．

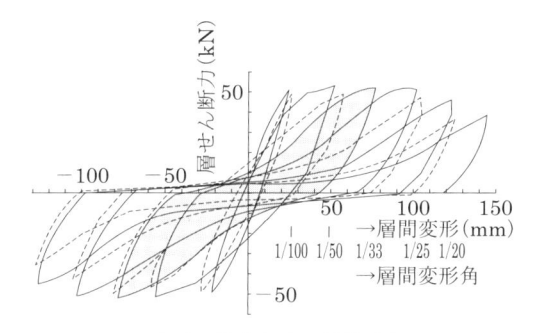

（a）接合部内の付着不良

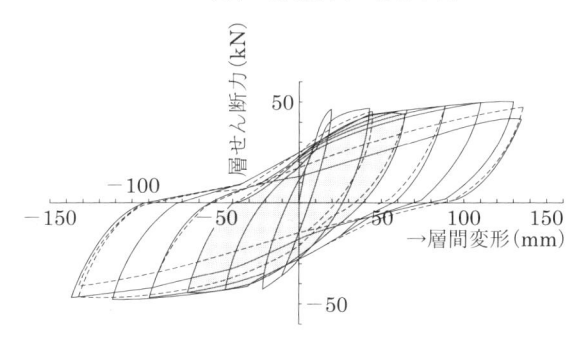

（b）接合部内の付着良

図 8.9　十字形接合部の層せん断力層間変位の関係

$$\tau_{bj} = \frac{2\sigma_y a_s}{\phi D} \fallingdotseq \frac{2\sigma_y \frac{\pi d_b^2}{4}}{\pi d_b D} = \frac{\sigma_y d_b}{2D} \tag{8.13}$$

τ_{bj}：接合部内主筋の平均付着応力度

σ_y：主筋の降伏応力度

a_s：主筋の断面積

ϕ：主筋の周長

接合部内の主筋の付着強度は，柱の軸力とコンクリート強度の影響を受ける．接合部内で主筋が付着破壊を起こさないようにするために，既往の実験結果から，式 (8.14) が得られている．

$$\frac{d_b}{D} \leq \frac{2.8}{1+\gamma}\left(1+\frac{\sigma_o}{\sigma_B}\right)\frac{\sigma_B^{\frac{2}{3}}}{\sigma_y} \tag{8.14}$$

γ：複筋比（圧縮鉄筋断面積の引張鉄筋断面積に対する比）

σ_B：コンクリートの圧縮強度

σ_0：柱の平均軸方向応力度

短期許容応力度設計において，鉄筋コンクリート構造計算規準では式 (8.14) のコンクリートの項を直線近似した式 (8.15) によるとしている．

$$\frac{d_b}{D} \leq 3.6\frac{1.5+0.1F_c}{f_t} \tag{8.15}$$

F_c：コンクリートの設計基準強度

f_t：梁主筋の短期引張許容応力度

例題 8.4

図 4.8（例題図 1）の柱梁接合部 A において，通し配筋される梁主筋のすべり破壊防止について，許容応力度に基づき検定せよ．

【解答】 通し鉄筋の検定は，式 (8.15) により行う．

$$\frac{d_b}{D} = \frac{22}{700} = 0.0314$$

$$< 3.6\frac{1.5+0.1F_c}{f_t} = 3.6 \times \frac{1.5+2.4}{345} = 0.0407$$

8.4 主筋の定着

　鉄筋コンクリートは，鉄筋とコンクリートが一体となることが必要である．しかし，実際には部材内において主筋とコンクリートにはすべりが生じており，これがわずかな量であれば，部材性能には大きな影響がないことは梁の付着のときに述べたとおりである．しかし，主筋の末端においてすべりが生じると，部材の曲げ耐力が著しく低下するとともに変形も大きくなる．鉄筋がその末端においてコンクリートと一体となる性能を定着(anchorage)と呼ぶ．

　主筋の定着は，部材内で行われる場合と，柱梁接合部内で行われる場合がある．部材内で行われる定着は，途中定着と呼ばれ，主筋が部材内でカットオフされる場合に行われるが，これについては主筋の付着の検定として行われ，図6.10と図6.11で述べている．一般的には，主筋の定着破壊とは，主筋が柱梁接合部内においてすべったり，柱梁接合部のコンクリートを割り裂いたりして柱梁接合部から抜け出すことをいう．

　主筋を柱梁接合部内に定着する方法を**図 8.10**に示す．図 8.10(a)は主筋を柱梁接合部に直線定着をした場合であり，図 8.10(b)，(c)は折曲げ定着をした例

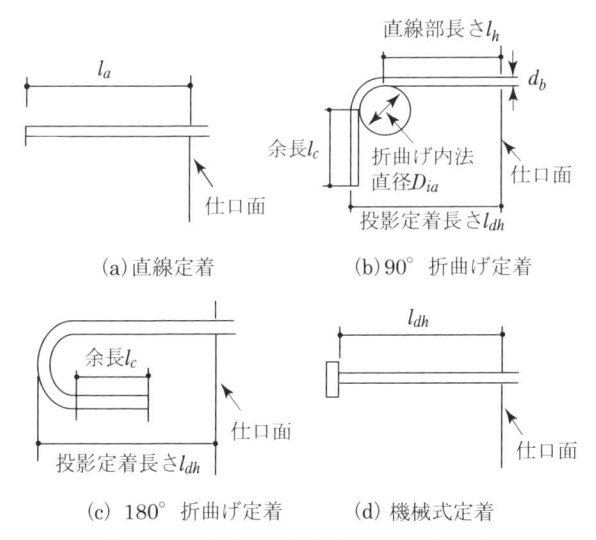

図 8.10　柱梁接合部への梁主筋の定着方法と長さ[8-3]

(a) 直線定着
(b) 90° 折曲げ定着
(c) 180° 折曲げ定着
(d) 機械式定着

(l_a, l_h 直線部長さ, d_b, l_c 余長, D_{ia} 折曲げ内法直径, l_{dh} 投影定着長さ)

である．(d)は鉄筋末端に金物を溶接などにより固定した例である．柱面(仕口面)から鉄筋末端までの長さを定着長さ(l_a)という．折曲げ定着をした場合や機械式定着を行う場合には，図8.10(b)～(d)に示すように柱梁接合部面から折曲げ外側までの長さや定着板手前までの長さを投影定着長さ(l_{dh})と呼び，定着に有効な長さとしている．

（1）直線定着の場合

直線定着(straight anchorage)の場合，梁主筋の付着の場合と同様であるので，式(6.15)と鉄筋の周長と降伏点から必要な定着長さを計算できる．鉄筋コンクリート構造計算規準において許容応力度設計を行う場合には，6.2.4（3）項によればよく，式(6.20)で，必要な定着長さを検討する．

鉄筋の降伏点は規格降伏点より高く，ばらつきがあるので，必要な定着長さを計算する場合，鉄筋の性能を十分に発揮できるように，定着長さに余裕をとることが必要である．

（2）折り曲げ定着する場合

折曲げ定着(hook anchorage)した柱梁接合部の破壊形式を図8.11に示す．柱梁接合部のせん断型定着破壊防止については，柱梁接合部のせん断破壊防止の際に検討されているので，割裂型定着破壊を防止するための検定を行えばよい．折曲げ定着強度に関しては実験も多くなく，また，破壊形式は三次元的で複雑であるので理論的な解明も行われていない．

しかし，これまでの研究によれば，コンクリート圧縮強度，投影定着長さ，

(a) 割裂型定着破壊　　(b) せん断型定着破壊

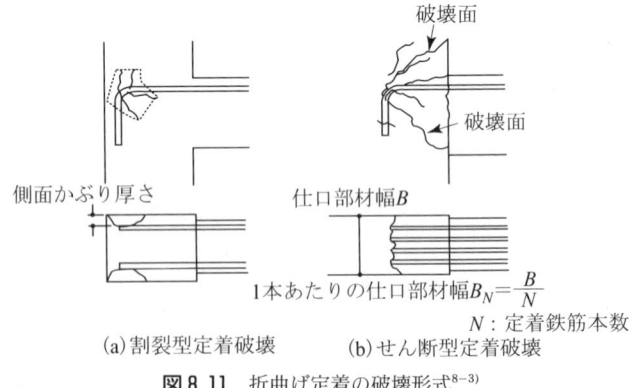

図8.11 折曲げ定着の破壊形式[8-3]

側面かぶり厚さ，横補強筋による拘束および折曲げ内法半径の影響が大きいことが示されており，現在，折曲げ定着強度（σ_{anC}）として式(8.16)が提案されている．

$$\sigma_{anC} = 210 k_c k_j k_d k_s \sigma_B^{0.4} \tag{8.16}$$

k_c，k_j，k_d，k_s は下式により与えられるが，いずれも1以下とする．

$$k_c = 0.4 + \frac{C_0}{10 d_b}, \quad k_j = 0.6 + \frac{0.4 l_{dh}}{j}$$

$$k_d = 0.5 + \frac{l_{dh}}{30 d_b}, \quad k_s = 0.7 + \frac{0.5 d_s^2}{d_b^2}$$

C_0：定着鉄筋心までの側面かぶり厚さ
d_b：鉄筋径
j：梁の危険断面における応力中心間距離
d_s：定着部に配される横補強筋の径

鉄筋コンクリート構造計算規準では，柱主筋および梁主筋を，柱梁接合部に折曲げ定着もしくは信頼のおける機械式定着を用いて定着する場合の許容応力度検定法として，側面かぶり厚さと鉄筋1本当たりの仕口幅を考慮した検定法を示している．

必要定着長さ（l_{ab}）の算定式として，折り曲げ内法半径を図8.12のように規定し，横補強筋の効果を安全側に見積もることによって，式(8.16)を簡略化した，式(8.17)を与えている．

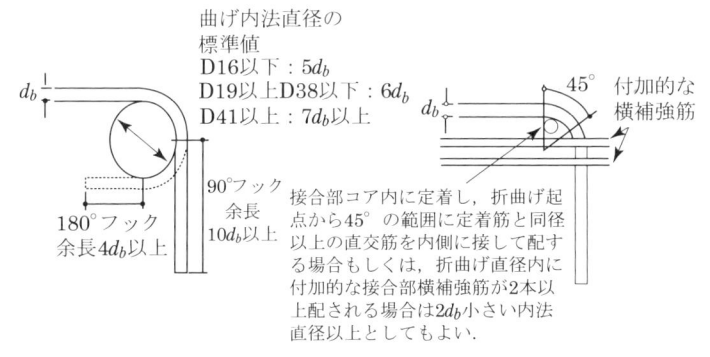

図8.12 標準フック形状[8-3]

表8.1 側面かぶり厚さによる修正係数 S

側面かぶり	$2.5d_b$ 未満	$2.5d_b\sim$	$3.5d_b\sim$	$4.5d_b\sim$	$5.5d_b$ 以上
修正係数 S	1.0	0.9	0.8	0.7	0.6

$$l_{ab} = S\sigma_t \frac{d_b}{8f_b} \tag{8.17}$$

S：側面かぶり厚さによる修正係数（表8.1）

σ_t：仕口面における主筋の存在応力だが，短期引張許応力度とするのが原則

$$f_b = \frac{F_c}{40} + 0.9$$

F_C：コンクリートの設計基準強度

S は図8.11(a)に示す割裂型定着破壊を防止するための側面かぶり厚さに依存する係数で表8.1に示す．主筋の折曲げ部分を覆う位置に直交梁が取り付く場合など，支圧力によってコンクリートの割裂破壊が生じる恐れがない場合には，S を0.6としてよい．f_b は許容付着応力度で，ここでは上端鉄筋以外の鉄筋に対する短期許容付着応力度を使用してもよい．

二段配筋の場合には，外側，内側それぞれの鉄筋に対して検定するので，同種同径の鉄筋を使用している場合には，投影定着長さの短い内側鉄筋を検定すればよい．内側鉄筋に対する付着強度の低減は行わなくともよいことになっているが，実験では，外側鉄筋の影響で内側鉄筋の定着強度は低下する傾向が示されているので，できるだけ，内側鉄筋の定着長さには余裕を持たせることが望ましい．

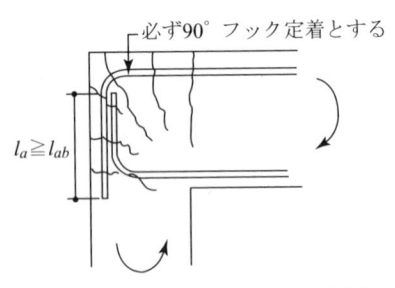

図8.13 出隅部分の梁主筋の定着[8-3)]

(3) 最上階外柱への梁主筋の定着

最上階外柱部分での柱梁接合部のひび割れは，**図 8.13** に示すようにコーナー部分から曲げモーメントやせん断力によるひび割れが発生する可能性が高く，その場合図 8.10(b)に示した梁主筋の直線部には定着性能を期待できない．

L 形接合部の梁主筋定着に関する実験は少ないので，最上階外柱への梁主筋の定着は投影長さによらず，図 8.13 に示すように折曲げ終点からの直線定着長さとし，(1)項の直線定着によるのが一般的な方法である．

練習問題 8

1. 柱 A と梁 A のコンクリート強度（設計基準強度）を 27 N/mm^2 に変更し，鉄筋 D22 を D19 に変更した場合の，図 4.8（例題図 1 ）の柱梁接合部 A のせん断ひび割れ強度を計算せよ．梁は柱の中央に接合されている．

2. 柱 A と梁 A のコンクリート強度（設計基準強度）を 27 N/mm^2 に変更し，鉄筋 D22 を D19 に変更した場合の，図 4.8（例題図 1 ）の柱梁接合部 A のせん断強度を計算せよ．直交梁が接続しているものとする．

3. 柱 A と梁 A のコンクリート強度（設計基準強度）を 27 N/mm^2 に変更し，鉄筋 D22 を D19 に変更した場合の，図 4.8（例題図 1 ）の柱梁接合部 A の設計用せん断力と許容せん断力を計算し，短期荷重時のせん断破壊防止について許容応力度に基づき検定せよ．

4. 柱 A と梁 A のコンクリート強度（設計基準強度）を 27 N/mm^2 に変更し，鉄筋 D22 を D19 に変更した場合の図 4.8（例題図 1 ）の柱梁接合部 A において，通し配筋される梁主筋のすべり破壊防止について，許容応力度に基づき検定せよ．

5. 鉄筋の接合部内における定着方法について説明せよ．

第9章

曲げモーメントと面内せん断力を受ける耐震壁

耐震壁は，剛性と耐力が高く建物の耐震性に及ぼす影響が非常に大きい．階の床面積と耐震壁の断面積の総和を計算しただけで，建物の耐震安全性を判断できることもある．したがって，耐震壁が建物全体の耐震安全性に及ぼす影響が大きいので，その配置には十分な注意が必要である．

本章では，耐震壁のせん断力に対する性能を中心に，その保有性能と検証方法について説明し，耐震壁の配置計画についても説明する．

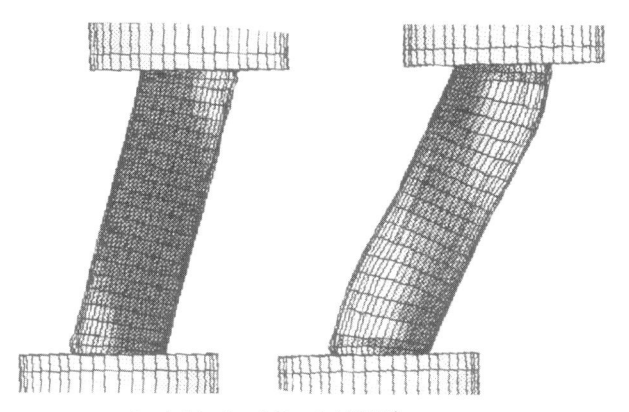

3次元有限要素法解析による丸柱のせん断破壊

9.1 耐震壁の構造

鉄筋コンクリート造の壁は，剛性が柱や梁に比べて著しく高い．柱および壁といった耐震要素はその剛性に応じて建築物に作用する水平力を負担するので，壁は地震時に大きなせん断力を負担する．薄い壁や柱梁で拘束されていない壁は非常に脆性的な破壊をするので，このような壁には地震時におけるせん断力の負担を期待してはいけない．また，壁に窓などの大きな開口がある場合，地震時には壁としての挙動は期待できないので，薄い柱と薄い梁からなるラーメン構造として取り扱う必要がある．

地震力を負担することを期待している壁を耐震壁 (shear wall) といい，期待していない壁を非構造壁という．耐震壁として扱う壁は，図 9.1 に示すように，その周囲を柱と梁で囲まれていて，厚さは，120 mm 以上かつ壁内法高さの 1/30 以上でなければならない．また，付帯梁の主筋全断面積は，スラブ部分を除く梁のコンクリート全断面積の 0.8％ 以上でなければならない．

壁の配筋は，図 4.4 に示すように，縦横格子状に行うのが一般的である．図 9.2 に示すように，単配筋だけでなく，複配筋あるいは千鳥に配筋することがある．壁筋には D10 以上の異形鉄筋あるいは素線が 6 mm 以上の溶接金網を用いる．

見付面に対する壁筋の間隔は，単配筋あるいは複配筋の場合は 300 mm 以下とし，千鳥配筋の場合には 450 mm 以下とする．壁筋の量は，縦横 2 方向に対して，それぞれ 0.25％ 以上でなければならない．また，壁板の厚さが 200 mm 以上の場合には，壁筋を複配筋としなければならない．

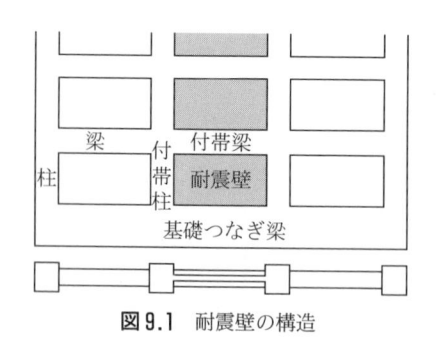

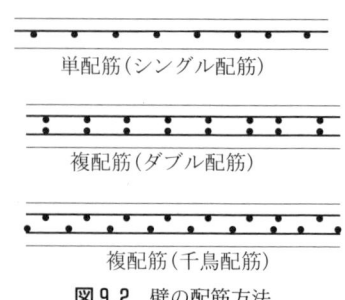

図 9.1 耐震壁の構造

図 9.2 壁の配筋方法

壁の縦横筋は，それぞれ曲げモーメントやせん断力を負担するので，梁や柱に十分にのみこませ，定着を確保しておかなければならない．

9.2 地震時に耐震壁に作用する応力

一般的に，耐震壁は図9.1に示したように，高さ方向に連続して設けられており，連層の耐震壁として考えなければならない場合が多い．連層耐震壁には，地震力は**図9.3**に示すように，各階ごとに梁とスラブを介して作用する．しかし，耐震壁の負担するせん断力は大きく，そのせん断力によって生じる耐震壁脚部の曲げモーメントは，梁端に作用する曲げモーメントに対し大きなものとなる．

耐震壁に作用する曲げモーメントは，片持ち柱のような，連層耐震壁が1つの耐震要素となった曲げモーメント図となる．壁が1層分しかない場合には，曲げモーメントに比べてせん断力の大きな，シアスパン比 (M/Ql) の小さな部材となるが，高層の場合にはシアスパン比の大きな部材となる．

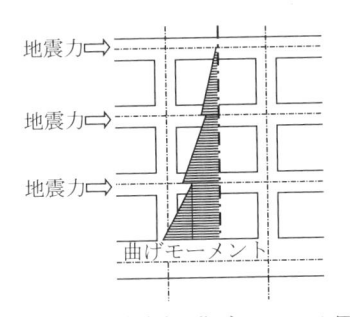

図9.3　連層耐震壁の曲げモーメント図

9.3 曲げモーメントとせん断力を受ける耐震壁の性状

曲げモーメントとせん断力を受ける耐震壁の力学的な復元力特性を調べるための実験は，図9.3や**図9.4**に示すような中間階における地震力の影響を無視して，曲げモーメント勾配が直線となる加力方法をとることが多い．頂部だけの載荷を行うと，すべての階のせん断力が等しくなってしまうものの，最終的

144　第9章　曲げモーメントと面内せん断力を受ける耐震壁

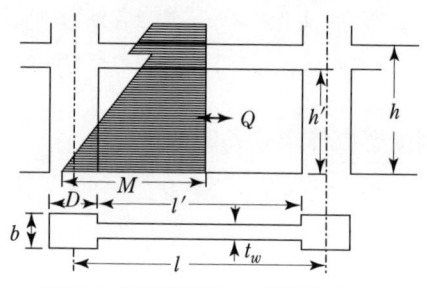

図9.4　連層耐震壁の1層部分拡大図

な破壊は曲げモーメントの大きな最下階で生じ，中間階にも載荷した実験結果と大きな違いは見られない．

　耐震壁のせん断力と変形の関係は，全高さに対して壁のせい（付帯柱中心間距離；l）が大きいシアスパン比の小さなI形断面の柱と考えることができる．壁の縦筋も曲げモーメントに対する主筋と考えることができ，曲げモーメントに対し，柱主筋から徐々に壁縦筋へと降伏が進むので，明確な降伏耐力がないことと，せん断ひび割れ発生にともなう剛性低下が著しいことが特徴である．シアスパン比が3以上になれば，梁や柱の場合と同様に，曲げ破壊が先行し，それ以下であれば，せん断破壊が先行する場合が多い．

　耐震壁の場合，スパン長さと階高，層数で耐震壁のシアスパン比が定まること，負担せん断力が大きいこと，一般的には壁縦筋比と壁横筋比は等しいので，降伏曲げモーメントを増すことなくせん断耐力だけを増すのは難しいことなどの理由で，柱の場合のようにすべてを曲げ降伏破壊形式とすることは難しい．耐震壁の場合は破壊形式をせん断破壊としたまま設計することも多く，とくに低層建物の耐震壁はせん断破壊が先行することが多い．

　片持ち柱形式で耐震壁の力学的性状を調べるための加力装置を模式化して図9.5に示す．この試験では，2層耐震壁の1層部分の性状を調べるものであり，2層の梁に水平力を作用させている．耐震壁の水平加力実験では，片方の柱頭部分を押した場合と，引いた場合では，耐震壁にできる圧縮ストラットの構成が異なる．実際の建物の場合，地震力は床から梁に一様に作用するので，梁には軸力は作用しない．この実験では，左右の柱頭に押引き同時載荷し，地

9.3 曲げモーメントとせん断力を受ける耐震壁の性状　145

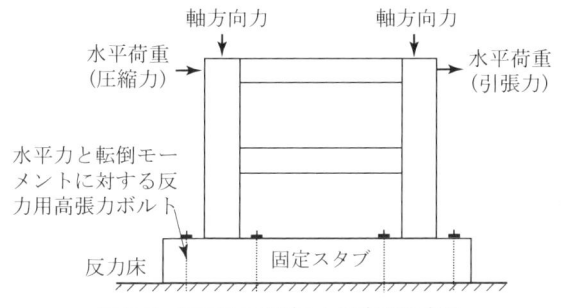

図9.5 耐震壁の曲げせん断実験模式図

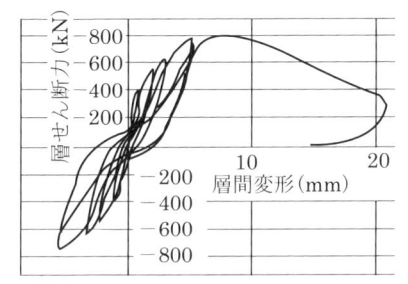

図9.6 耐震壁の層せん断力層間変位関係[9-2]

震力が耐震壁に一様なせん断応力として作用するように配慮している．

耐震壁のせん断力と層間変形の関係を**図9.6**に示す．部材角1/500程度で，壁板にせん断ひび割れが発生し，大きな剛性低下を生じている．その後，耐力は増加していくが，この場合，せん断スパン比が約1と小さいこともあって，部材角1/125程度で最大耐力に達した後急激な耐力低下を生じ，せん断破壊に到っている．

耐震壁は，剛性と耐力が大きいので，周辺の柱や梁の破壊性状に及ぼす影響も大きく，周辺骨組みとの組み合わせで実験を行うことも必要である．耐震壁付き3層1スパン，2スパンの立体架構として耐震壁の性状を調べた例の最終破壊性状を**写真9.1**に，1階の耐震壁部分のひび割れ部分を拡大したものを**写真9.2**に示す．中央の連層耐震壁の壁板に斜めせん断ひび割れが多発し，曲げモーメントによって柱脚部分に圧縮破壊を生じた後，繰返し加力によって，斜めせん断ひび割れが連続したスリップ破壊を生じている．

146　第9章　曲げモーメントと面内せん断力を受ける耐震壁

写真9.1　耐震壁付き立体ラーメンの実験[9-1]　　**写真9.2**　1階耐震壁の破壊状況[9-1]

9.4　初期剛性と曲げひび割れモーメント

　水平力を受ける耐震壁の変形を考える場合，せん断変形を無視できないので，曲げ変形 (δ_m) とせん断変形 (δ_s) との和として考える必要がある．弾性変形は，図9.1や図9.4に示す付帯柱と壁板が一体となったI形の断面として計算する．したがって，曲げ変形は，梁や柱と同様に，コンクリートと鉄筋のヤング係数および断面二次モーメントから計算でき，せん断変形は式 (9.1) で計算できる．

$$\delta_s = \frac{k_w Q h}{G A_w} \qquad (9.1)$$

　　k_w：せん断変形計算用の形状係数
　　Q：せん断力
　　h：耐震壁の高さ (図9.8)
　　G：コンクリートのせん断剛性
　　A_w：耐震壁の断面積

せん断変形計算用の形状係数 (k_w) は，耐震壁をI形断面として精算する場合には，柱中心間距離と壁版の高さの関係や柱幅と壁版の厚さの関係などを考慮して求める必要があるが，付帯柱の影響を無視して長方形断面と考えれば1.2となる．

　曲げひび割れモーメント (M_c) は，柱と同様に，式 (9.2) で示される．

$$M_c = 0.56\sqrt{\sigma_B}Z_e + N\frac{Z_e}{A_e}$$

$$M_c \fallingdotseq 0.56\sqrt{\sigma_B}Z_o + N\frac{Z_o}{A_o} \qquad (9.2)$$

σ_B：コンクリートの圧縮強度（N/mm²）

9.5　曲げ降伏モーメントと最大曲げモーメント

　耐震壁の曲げ降伏モーメントと最大曲げモーメントは，I形断面の柱と考えることができるので，平面保持を仮定してコンクリートと鉄筋の応力ひずみ関係を定式化すれば，柱で述べた方法で精算できる．

　曲げ降伏モーメントと曲げ終局モーメントを略算する場合も，中立軸位置を仮定し，引張側の柱主筋と壁主筋が降伏していると考えると，柱の場合と同様となる．一般に，曲げ終局モーメントは，式（9.3）または式（9.4）で計算できる[9-4]．

$$M_u = a_t\sigma_y l + 0.5a_w\sigma_{wy} l + 0.5Nl \qquad (9.3)$$

$$M_u = 0.9a_t\sigma_y D_w + 0.4a_w\sigma_{wy} D_w + 0.5ND_w\left(1 - \frac{N}{bD_w\sigma_B}\right) \qquad (9.4)$$

　M_u：耐震壁の曲げ終局モーメント
　a_t：引張側柱の主筋断面積の総和
　σ_y：柱主筋の降伏点
　a_w：壁縦筋断面積の総和
　σ_{wy}：壁縦筋の降伏点
　N：軸力
　b：柱幅
　D_w：壁全せい（柱中心間距離（l）+柱せい（D））

9.6 せん断ひび割れ強度とせん断終局強度

9.6.1 せん断ひび割れ強度

シアスパン比の小さな耐震壁の復元力特性は，図9.6に示したように，曲げモーメントによる変形が卓越する柱や梁の場合と異なり，せん断剛性とせん断ひび割れ荷重，せん断終局強度によって特徴付けられる．

せん断ひび割れ強度（Q_{wsc}）は，コンクリートの引張強度を仮定すれば弾性論から式（9.5）により計算できる．このとき，断面は付帯柱の影響を無視した長方形断面と考え，付帯柱の影響は断面形状影響係数（k_w）により考慮している．コンクリートの引張強度は耐震壁のせん断ひび割れ強度実験結果から逆算した実験式で与えられている[9-5]．

$$Q_{wsc} = k_w \sqrt{\sigma_t^2 + \sigma_t \sigma_0}\, tl \tag{9.5}$$

$$k_w = \frac{4\{1-(1-\eta)\xi^3\}}{3(1+\xi)\{1-(1-\eta)\xi^2\}}$$

$$\sigma_t = 0.33\sqrt{\sigma_B}$$

t：壁厚さ

l：側柱中心間距離

$$\eta = \frac{t}{b} \qquad \xi = \frac{l-D}{l+D}$$

b, D：柱の幅とせい（記号については図9.4を参照）

9.6.2 せん断終局強度

I形断面の耐震壁を断面積が等しい長さ $D_w(=l+D)$ の等価長方形断面に置換した柱と考え，柱のせん断終局強度式を適用した式（9.6）は耐震壁のせん断実験結果とある程度適合することから，耐震壁のせん断終局強度式としてよく用いられている．

$$Q_{wu} = \left\{ \frac{0.092 k_u k_p (18+\sigma_B)}{\frac{M}{QD_w}+0.12} + 0.85\sqrt{p_{wh}\sigma_{why}} + 0.1\sigma_0 \right\} b_e j \tag{9.6}$$

b_e：I形断面を断面積が等しい長さ D_w の等価長方形断面に置換したときの幅

k_u：断面寸法による補正係数

$D_w > 400\,\mathrm{mm}$ の場合　$k_u = 0.72$

k_p：等価引張鉄筋比 p_{te} による係数で，

$k_p = 2.36 p_{te}^{0.23}$

$p_{te} = \dfrac{a_t}{b_e d}$

$d = l + 0.5D$

a_t：引張側柱の主筋断面積の総和

p_{wh}：b_e を幅と考えたときの水平せん断補強筋比

σ_{why}：水平せん断補強筋の降伏点

σ_0：全断面積に対する平均軸方向応力度

連層耐震壁に式 (9.6) を適用する場合，中間荷重と中間層の梁の鉄筋量が評価できない．中間荷重や中間層の梁主筋量を検討しようとする場合には，柱の場合と同様に，トラストアーチの考え方を用いた検討を行う必要があろう．

9.7　耐震壁のせん断破壊防止の検討

9.7.1　無開口の耐震壁の許容せん断力

耐震壁の場合，常時使用しているときに発生する応力は小さいので，短期の場合のみ検討すればよい．耐震壁の短期許容せん断力は，柱や梁の場合と異なり，終局強度に基づいたものとなっていない．

耐震壁が連層となっている場合，連層壁の反曲点位置を簡便には計算することができないので，連層耐震壁の終局せん断力を計算することが難しい．そこで，鉄筋コンクリート構造計算規準では，単層の耐震壁として設計用せん断力を求め，許容応力度設計を行うように定めている．

耐震壁の短期許容せん断力の考え方を図 9.7 に示す．コンクリートにひび割れが発生するまでは，壁筋とコンクリートは一体となって作用する．ひび割れ発生時のひずみは小さいので，ひび割れ発生までは壁筋が負担しているせん断力 (Q_{w1}) は無視して，コンクリートが負担しているせん断力 (Q_1) を壁の負担せん断力と考えている．

ひび割れ発生後は，壁板のコンクリートが応力を負担できなくなるので，耐力が低下するが，変形が大きくなるにつれてふたたび上昇する．このとき，付

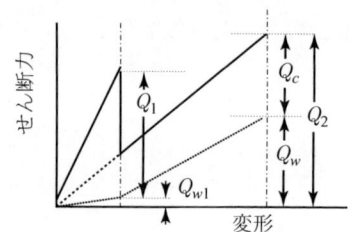

Q_1：壁コンクリートの許容負担力，Q_{w1}：ひび割れ時の壁コンクリート負担力
Q_c：柱の許容せん断力，Q_w：壁筋の許容せん断力

図 9.7 耐震壁のせん断力層間変位関係の模式図

帯柱は単体の柱としての許容せん断力（Q_c）を負担でき，壁部分は壁筋の負担せん断力（Q_w）を保持できるものと考えると，耐震壁としての許容せん断力は，両側の柱の許容せん断力（$\sum Q_c$）と Q_w との和（Q_2）と考えることができる．

耐震壁の短期許容せん断力（$_wQ_A$）は，図 9.7 に示すように，Q_1 と Q_2 の大きい方とすることができ，式 (9.7) で表している．Q_1 と Q_2 はコンクリートと鉄筋の短期許容応力度を用いて，式 (9.8) と式 (9.9) で求められる．

$$_wQ_A = \max(Q_1,\ Q_2) \tag{9.7}$$

$$Q_1 = tlf_s \tag{9.8}$$

$$Q_2 = Q_w + \sum Q_c \tag{9.9}$$

$$Q_w = p_s tl' f_t$$

$$Q_c = bj\{1.5f_s + 0.5_wf_t(p_w - 0.002)\}$$

t：壁板の厚さ

l：付帯柱の中心間距離

f_s：コンクリートの短期許容せん断応力度

p_s：壁板の直交する各方向のせん断補強筋比のうち小さい方の値で，1.2％ を超える場合には 1.2％ として計算しなければならない．

l'：壁板の内のり長さ

f_t：壁筋のせん断補強用短期引張許容応力度

b：付帯柱の幅

j：付帯柱の応力中心間距離

$_wf_t$：付帯柱のせん断補強筋の短期引張許容応力度

p_w：付帯柱のせん断補強筋比で，1.2％を超える場合には 1.2％ として計算しなければならない．

9.7.2 開口付き耐震壁の許容せん断力と開口補強

耐震壁には，出入り口や窓など，開口が設けられることが多い．開口は耐震壁の剛性と耐力に大きな影響を与えるが，耐震壁の終局強度に及ぼす開口の形状や配置，大きさなどの影響については不明な点が多い．

開口が大きい場合には，耐震壁よりも袖壁のついた柱や腰壁のついた梁と考える方が適当である．図9.8 に示すように開口が設けられた場合，壁板と開口をともに正方形に置換したときの辺の長さの比の相乗平均を等価開口周比（ϕ）と呼び，開口の形状と大きさの影響を考慮する際に用いている．

耐震壁として扱える等価開口周比の限界として，参考になる実験資料はほとんどないが，現状では，0.4 以下の場合には耐震壁として扱ってもよいことにしている．また，開口位置の影響に関する実験も行われているが，まだ資料に乏しく，設計ではとくに考慮されていないのが現状である．

$$\phi = \sqrt{\frac{h_0 l_0}{hl}} \leq 0.4 \qquad (9.10)$$

開口のある耐震壁の短期許容せん断力（$_{wo}Q_A$）は，式（9.11）に示すように，式（9.7）で計算した無開口の耐震壁の短期許容せん断力に開口による低減を行っている．開口低減係数（r）は，水平断面積の欠如を考慮した式（9.12）と等価開口周比による低減を考慮した式（9.13）により計算する．

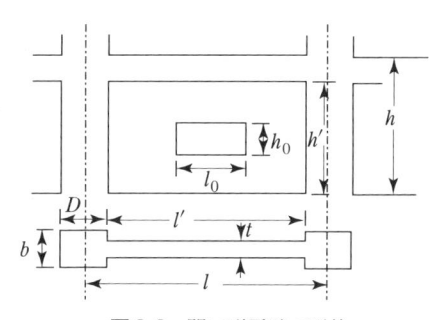

図9.8 開口耐震壁の形状

第9章 曲げモーメントと面内せん断力を受ける耐震壁

$$_{w0}Q_A = r {_wQ_A} \tag{9.11}$$

$$r = \min(r_1,\ r_2)$$

$$r_1 = 1 - \frac{l_0}{l} \tag{9.12}$$

$$r_2 = 1 - \phi \tag{9.13}$$

開口がある場合，開口周囲には応力が集中するので，ひび割れも開口の周囲に集中する．式 (9.11) で与えられる開口耐震壁の許容せん断耐力は，開口周囲が適切に補強されていることが前提となっている．

耐震壁にひび割れが発生するまでは，壁板コンクリートがせん断力を負担しているので，壁板が負担しているせん断力に対して適切な補強が必要となる．補強の対象となるせん断力は壁板に作用するせん断力 (Q) なので，式 (9.8) による Q_1 と式 (9.9) による rQ_w の大きい方と考えられる．

開口補強の対象として考える応力には以下に示す2通りあり，それぞれに対して計算した補強筋量の多い方を満足するように，D13 かつ壁筋と同径以上の鉄筋を用いて補強しなければならない．

（1）開口を設けることによって失われた斜張力

無開口であった場合にはコンクリートが負担していた斜め引張力が開口を設けることによって失われるので，その引張力を開口の両側に配した鉄筋によって補う必要がある．開口の片側に生じる開口隅角部の付加斜張力 (T_d) は，**図 9.9** にしたがって，式 (9.14) で計算する．

$$T_d = dt\sigma' = \frac{d}{l}Q = \frac{h_0 + l_0}{2\sqrt{2}\,l}Q \tag{9.14}$$

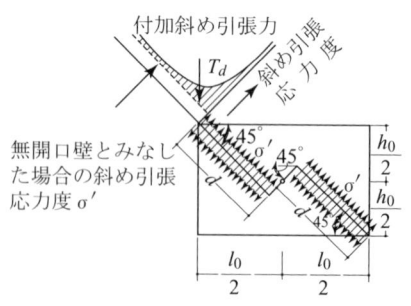

図 9.9 開口隅角部付加引張力[9-3]

壁板に作用するせん断力(Q)としてrQ_wを採用した場合には，lに代えてl'を用いなければならない．この斜張力に対して配する鉄筋を，斜め配筋した場合にはそのまま計算に用いることができるが，縦横に配筋する場合には，鉄筋断面積の$1/\sqrt{2}$倍を有効断面積として計算に用いる．

（2）曲げ変形に応じて生じる開口縁応力

開口を有する耐震壁に，地震力によって曲げ変形が生じた場合，開口縁に曲げ応力が発生するので，これに対して鉄筋を用いて補強しておく必要がある．図9.10に耐震壁の4分の1を示す．開口壁の中央にせん断力が作用するものとすると，開口端部におけるモーメントの釣合いから式(9.15)が求められる．

$$M_v = Q_0 H_0 = T_v(L_w - L_0) \tag{9.15}$$

T_v：開口隅角部の鉛直縁張力

$$T_v = \frac{Q_0 H_0}{L_w - L_0} \tag{9.16}$$

同様に考えて，開口隅角部の水平縁張力(T_h)は式(9.17)で与えられる．

$$T_h = \frac{L_0}{H_w - H_0} \frac{H_w}{L_w} Q_0 \tag{9.17}$$

ここで，開口は耐震壁の中央にあるものと考えると，下式の関係がなりたつ．

$$Q_0 = \frac{Q}{2}$$

Q：補強設計用のせん断力．Q_1とrQ_wの大きい方で与えられる．

$$H_0 = \frac{h_0}{2} \qquad L_0 = \frac{l_0}{2}$$

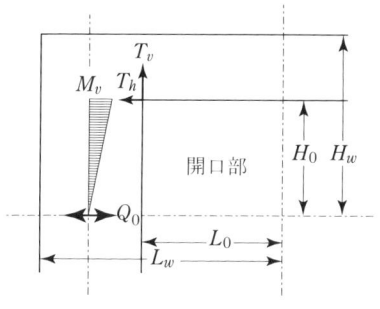

図9.10 開口周辺の応力

Q が rQ_w でないとき, $L_w = \dfrac{l}{2}$　$H_w = \dfrac{h}{2}$

Q が rQ_w のとき, 　$L_w = \dfrac{l'}{2}$　$H_w = \dfrac{h'}{2}$

9.8　耐震壁の回転

　耐震壁は大きなせん断力を負担するので，耐震壁を支持する最下階の基礎での曲げモーメントも大きなものとなる．圧縮側の基礎には，上階からの重量と曲げモーメントによる大きな圧縮力が作用し，引張側の基礎には，上階からの重量と曲げモーメントによる引張力が作用し，引張力が上階の重量を超える場合もある．

　図 9.11 に示すように，杭基礎の場合には杭が上階の重量を超えて生じる引張力に抵抗するが，直接基礎の場合にはこの引張力に抵抗する力はなく，浮き上りを生じる．杭基礎の場合でも転倒曲げモーメントによる引張力が杭の引張抵抗力と上階の重量の和を超えると基礎に浮き上りが生じる．地盤の抵抗力や杭の抵抗力については，10 章の「基礎」で詳述するが，いずれにしても，耐震壁が耐力に達する前に，杭や地盤が引張や圧縮の耐力に達することも考えられる．

　耐震壁の剛性や耐力の評価においては，このような基礎の耐力と変形の影響も考えておく必要がある．基礎における耐力が，耐震壁の耐力より小さい場合

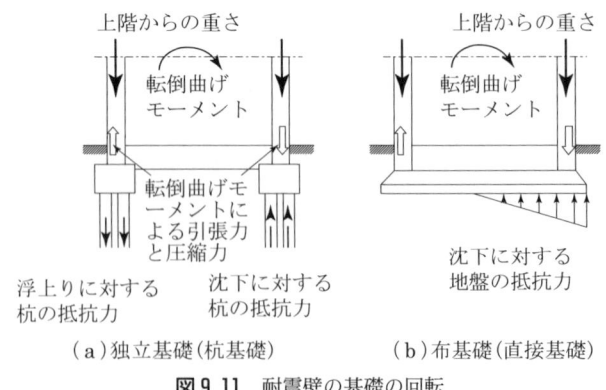

（a）独立基礎（杭基礎）　　　（b）布基礎（直接基礎）

図 9.11　耐震壁の基礎の回転

には，耐震壁は一定の耐力を保持したまま，回転を生じる場合が多い．一般に，回転は変形能力の大きな破壊形式ではあるが，圧縮側の杭に大きなせん断力や軸力を生じさせたり，耐震壁に接続している隣接構面の梁に大きな変形を生じさせたりする恐れが大きいので，杭や隣接構面の梁に，曲げ圧縮破壊やせん断破壊を生じさせないような注意が必要である．

9.9 耐震壁の配置

耐震壁は大変有効な耐震要素だが，剛性と耐力が大きいので，構造全体に大きな影響を与える．耐震壁を平面的にも立面的にもバランス良く配置することが必要である．

地震力は建物の重量の中心（重心）に作用する．**図9.12**に示すように，地震力に抵抗する耐震要素の剛性の中心（剛心）が重心と一致している場合には，各耐震要素の変形量が等しくなり，すべての耐震要素が有効に働くが，平面的に耐震壁の配置が片寄り，剛心と重心が一致していない場合には，地震時に建物は剛心を中心とした回転を生じ，各耐震要素の変形量が異なるので，変形の大きな部材の損傷が著しくなる．**写真9.3**は地震時に上階がねじれによる崩壊を起こした例である．

立面的には，耐震壁は最下層まで連続していることが望ましい．耐震壁が，基礎部分まで連続せず，中間階で終わっている場合，下層の柱には，杭の場合と同様に，大きな圧縮力とせん断力が作用する．圧縮力の大きな柱は変形能力が著しく低いので，**写真9.4**のように崩壊を起こす恐れがある．

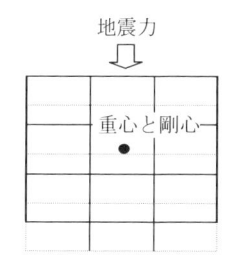

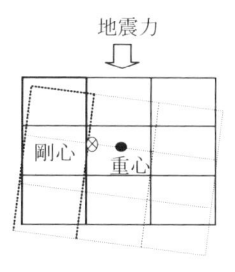

(a) 重心と剛心が一致した建物　(b) 重心と剛心が不一致の建物

図9.12　耐震壁の配置による建物の回転変形

第9章 曲げモーメントと面内せん断力を受ける耐震壁

写真9.3 壁偏心建物の地震による
ねじれ破壊

写真9.4 1階壁抜け柱の地震による
圧縮せん断破壊

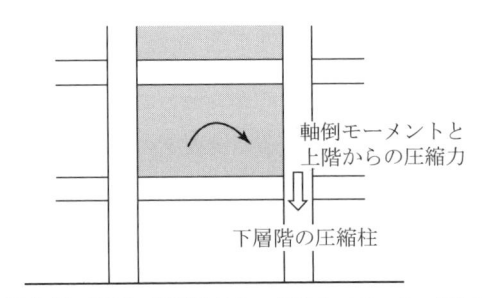

図9.13 下層に耐震壁がない骨組み（ピロティ構面）

このように下層階で壁が抜けている構造をピロティと呼んでいるが，ピロティ階では，壁のある上層階に比べ，剛性と耐力が極端に小さいので，地震時には損傷がこの階に集中して，層崩壊を起こしやすいので注意が必要である．

練習問題9

1. 耐震壁の配置についての注意すべきことは何か．
2. 耐震壁の開口周辺の配筋について関する注意すべきことは何か．
3. 壁の配筋について注意すべきことは何か．

第10章

荷重を地盤に伝える基礎

建物は，重さや地震力などによって生じる力（荷重）を最後には地盤に伝えなければならない．砂上の楼閣とならないためには最後に建物と地盤との接合部分をしっかりと設計することが重要である．この部分が基礎構造であり，鉄筋コンクリート構造と地盤との境界でもある．

本章では，基礎構造のうち，基礎スラブや杭など鉄筋コンクリートの部分について説明する．基礎構造は上部構造より先に壊れることのないように設計するのが原則なので，前章までと異なり，破壊性状ではなく損傷の限界に重点がおかれている．

基礎スラブ，基礎梁，杭

10.1 基礎の構造

基礎とは，図 4.4 に示すように，上部構造の応力を地盤に伝達させるために建物の最下部に設けられた構造要素のことである．基礎構造 (foundation structure) は，支持形式によって **表 10.1** のように直接基礎 (**図 10.1**) と杭基礎 (**図 10.2**) に分類される．

一般には，鉄筋コンクリート造建物の構造計算において，基礎梁より上の部分について検討した後，杭および基礎梁を一体として応力計算を行う．基礎梁の設計応力は上部構造としての応力と基礎構造としての応力の和とする．

基礎構造に要求される性能は，常時での使用において，変形が生じないこと，地震時において安全であることなので，基礎構造の構造計算は，地盤の支持力，地震時の杭の断面算定，フーチングおよび基礎梁の断面算定を行うが，地盤の支持力や杭の検討は，地盤工学および基礎構造で扱われているので，本シリーズ『地盤工学』[10-2] を参照していただくこととして，本書では，鉄筋コンクリート造フーチングの応力と断面算定について述べることとする．

鉄筋コンクリート造基礎フーチングは，土に比べヤング係数や強度が高いの

表 10.1　基礎構造の分類

基礎構造	直接基礎	上部構造の応力をフーチングから直接地盤に伝える構造
	杭基礎	上部構造の応力をフーチング (杭基礎の場合にはパイルキャップと呼ぶ) から杭を介して地盤に伝える構造

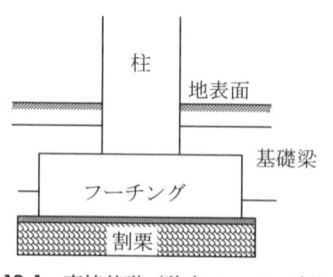

図 10.1　直接基礎（独立フーチング基礎）

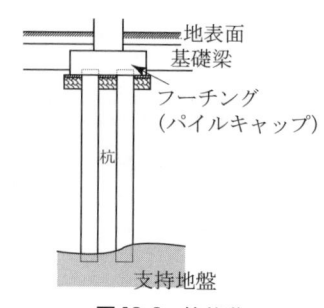

図 10.2　杭基礎

で，終局状態は地盤の破壊によって生じることが多い．したがって，基礎フーチングが破壊することは稀であるため，基礎フーチングの終局強度に関する実験は少ない．

最近になって，基礎部分においても限界状態設計の必要性が認められるようになり，杭基礎の杭およびフーチングの終局状態を中心に，基礎構造の終局強度設計に関する研究が始められている．ここでは常時での使用時と中小地震時に対する性能確認として行われる許容応力度設計について，すなわちフーチング内の鉄筋降伏以前のことを解説するにとどめる．

10.2 直接基礎

10.2.1 直接基礎の構造

直接基礎はフーチングの形式によって**表 10.2** のように分類される．表中のフーチングは省略して独立基礎などと呼ぶことも多い．ここでは，鉄筋コンクリート造建築物で最も一般的に用いられている独立フーチング基礎 (footing foundation) の許容応力度設計について説明する．

表 10.2　直接基礎の分類

フーチング基礎	独立フーチング基礎	ひとつのフーチングが単一の柱を支持しているもの
	複合フーチング基礎	ひとつのフーチングが複数の柱を支持しているもの
	連続フーチング基礎	連続した帯状のフーチングで壁または柱を支持しているもの
べた基礎		上部構造の広範囲な面積内の荷重を単一のフーチングあるいは，格子状の基礎梁と基礎スラブで支持するもの

10.2.2 基礎スラブに作用する外力

フーチングに作用する外力は，**図 10.3** に示すように，柱から伝達される軸力と曲げモーメント，基礎の自重，基礎スラブ上部の埋め戻し土の自重およびそれらの反力として基礎の底面から作用する接地圧がある．

一般に，柱脚には剛な基礎梁を設け，柱から伝達される曲げモーメントのす

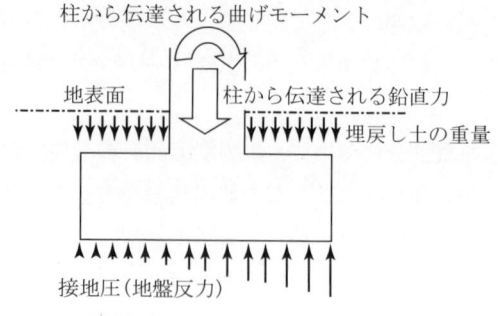

図 10.3 フーチングに作用する外力

べてをこれに負担させることによって，フーチングには，鉛直方向の圧縮力のみ負担させることが多い．フーチングに作用する荷重は分布荷重が主となり，荷重状態が 11 章で説明するスラブと似ているので，断面算定に際しては，フーチングの断面算定を基礎スラブの断面算定と呼んでいる．基礎スラブは，コンクリートと鉄筋を含めて地盤の上に打設され，硬化したものなので，基礎スラブには自重による応力は生じない．また，埋め戻し土の重さも軽微であるので，無視することが多い．

結局，基礎スラブの荷重としては，上部構造からの応力の反力としての接地圧を考えればよい．基礎スラブの設計用応力の算定は，柱脚を固定として，接地圧を外力として算定する．

10.2.3 長方形基礎スラブの設計応力と断面算定

地盤の耐力は，コンクリートの圧縮強度より小さいので，基礎スラブの底面積は，地盤の耐力によって定めなければならない．柱から伝達される曲げモーメントを偏心軸力と置き換え，フーチング下面に生じる地盤反力（接地圧）分布を**図 10.4** に示す．

地盤反力の最大応力（σ_{max}）は応力割増し係数（α）を使用して，式（*10.1*）で表すことができる．α は基礎スラブの大きさと基礎スラブ底面に上方から作用する圧縮合力 N の作用位置によって定まる係数である．α と偏心率（N の作用位置から基礎スラブ中心までの偏心距離（e）と，基礎スラブの 1 辺の長さ（l）との比）との関係を**図 10.5** に示す．σ_{max} は地耐力度（f_e）より小さくなければならないので，式（*10.1*）と式（*10.2*）から必要な基礎スラブ底面積を計算す

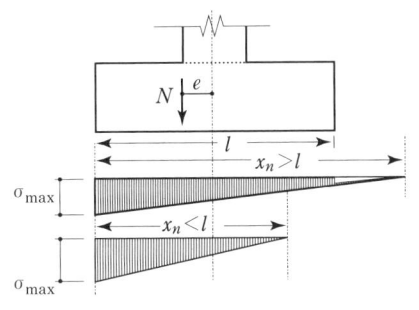

図 10.4 フーチング底面に作用する地反力

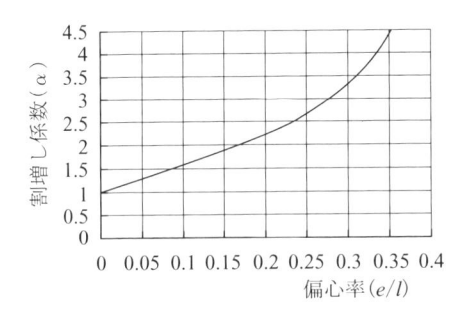

図 10.5 長方形断面フーチングの地反力割増し係数

ることができる．

$$Q_{max} = \alpha \frac{N}{A} \leqq f_e \tag{10.1}$$

A：基礎スラブ底面積

$$A \geqq \alpha \frac{N}{f_e} \tag{10.2}$$

基礎スラブに生じる曲げモーメントとせん断力は，柱脚部で固定支持された板の応力として算定すべきである．しかし，複雑な計算となるので，一般には，長辺方向，短辺方向それぞれ独立に，柱面位置で固定端とした幅の広い梁として計算する．設計用曲げモーメントの算定断面は，**図 10.6** に示す網掛け部分の断面となる．

したがって，**図 10.7** に示すように接地圧が台形分布をする場合，算定断面における設計用せん断力 (Q_f) と設計用曲げモーメント (M_f) は，式 (10.3) と

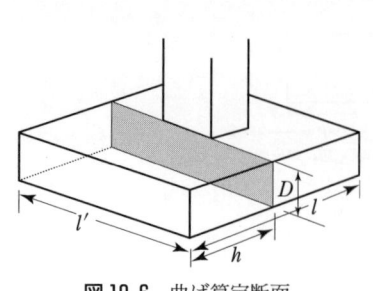

図 10.6 曲げ算定断面

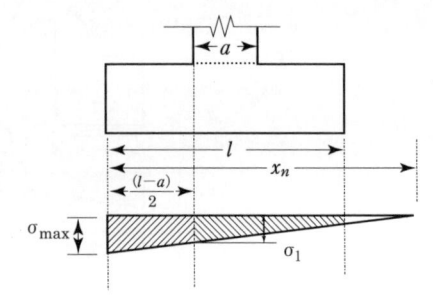

図 10.7 柱面における設計応力の算定

式 (10.4) で表すことができる．

$$Q_f = \frac{\sigma_{max}+\sigma_1}{2}\frac{1}{2}(l-a)l' \qquad (10.3)$$

$$M_f = \left(\frac{l-a}{2}\right)^2 \frac{l'}{2}\left(\sigma_{max}-\frac{\sigma_{max}-\sigma_1}{3}\right) \qquad (10.4)$$

上部構造から作用する曲げモーメントをすべて基礎梁に負担させる場合，すなわち図 10.4 における偏心がない場合 ($e=0$) には，$\sigma_{max}=\sigma_1=N/ll'$ となるので，Q_f と M_f はそれぞれ式 (10.5) および式 (10.6) となる．

$$Q_f = \frac{N}{2}\frac{(l-a)}{l} \qquad (10.5)$$

$$M_f = \frac{N}{8}\frac{(l-a)^2}{l} \qquad (10.6)$$

この設計用せん断力と曲げモーメントに対して，長期，短期の許容応力度設計を梁として行うとともに，主筋の付着の検討を行わなければならない．

上部構造が終局強度に達する以前に，地盤が終局地耐力に達し，崩壊することがないことを確認する必要はあるが，直接基礎の基礎スラブに対する終局時の検討は，前述したように，一般的には行わなくともよい．

地反力のうち，**図 10.8** の網掛け部分以外の部分に作用している地反力は，圧縮力として柱に伝達されるのに対し，網掛け部分に作用している地反力は，せん断力として柱に伝達されるので，押し抜かれるようにせん断破壊を生じる恐れがある．この押し抜くように作用するせん断力をパンチングシアと呼ぶが，鉄筋コンクリート構造計算規準では，柱面から基礎スラブの有効せいの

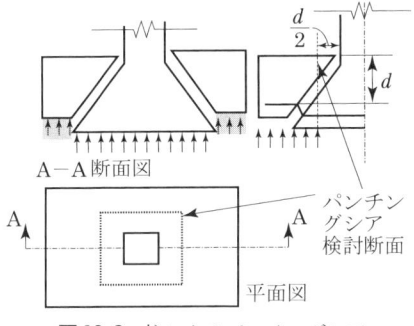

図10.8 柱によるパンチングシア

1/2 だけ離れた断面で検討することにしている．

10.3 杭基礎

10.3.1 基礎スラブの設計応力算定

杭 (pile) によって支持された基礎スラブ (pile cap) の応力は，杭からの反力が集中荷重として作用するものとして算定するので，杭頭より上部にあるすべての自重が，杭からの反力として，基礎スラブに作用するものと考える．基礎スラブの設計用せん断力は，応力算定位置から外側にある杭の反力の総和となる．

1つのフーチングを複数の杭で支持することも多い．したがって，各杭が平均して応力を負担できるように，また，地震時に杭頭に生じる曲げモーメントとせん断力を柱や基礎梁 (foundation girder) に基礎スラブを介して伝達できるように，基礎スラブの剛性を確保することが重要であるとともに，杭頭の鉄筋を基礎スラブに確実に定着させることも重要である．杭の主筋だけでなく，必要に応じて杭ごと基礎スラブに埋め込むことも行われる．

10.3.2 基礎スラブの断面算定

杭による曲げモーメントとせん断力に対しては，10.2.2項と同様に，長期および短期許容応力度設計を行う．さらに，杭は基礎スラブに対して，図10.9に示すように，集中荷重として作用するので，杭の反力が大きい場合には，パンチングシア破壊と同時に基礎スラブコンクリートの圧縮破壊も考慮しなけれ

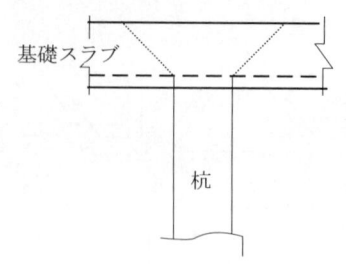

図 10.9 杭によるパンチングシア

ばならない．

　基礎スラブコンクリートの圧縮破壊を考える場合には，圧縮力を受ける部分が局部的であることを考慮してもよい．コンクリートは局部的に圧縮力を受ける場合には，全体に圧縮力を受ける場合よりも強度が上昇する．局部的に圧縮力を受けるときの圧縮強度を支圧強度と呼んでいる．基礎スラブの支圧強度は，基礎スラブの厚さと杭径によるが，圧縮強度の2倍までとることができる．

10.3.3　杭

　杭を材料別に分類すると，木杭，鋼杭，コンクリート杭となる．ここでは，一般的なコンクリート杭について述べるが，コンクリート杭には，工場生産される既製杭と建設現場で製造される場所打ち杭がある．

（1）既製杭

　既製杭 (pre-fabricated concrete pile) は，圧縮強度 $80\,\mathrm{N/mm^2}$ 以上のコンクリートと引張強度 $1{,}000\,\mathrm{N/mm^2}$ 以上の高張力鋼 (PC 鋼材) を使用した高強度プレストレストコンクリート杭 (PHC 杭) が最も一般的である．地盤の耐力はコンクリート強度より小さく，杭の支持力は杭断面積と地盤の耐力によって定まるので，杭には高いコンクリート強度を必要としない．既製杭は，運搬の都合上軽くしておく必要があるので，**写真 10.1** に示すように円筒形の断面をしている．

　既製杭を施工するとき，先端部にシューを設けるなどして中空部を閉塞する場合と開放のまま (開端杭) の場合がある．開端杭でも中空部に土が進入して閉塞するので，杭の支持力は中実断面と同等と考えることができる．杭の軸部を円筒断面としてコンクリート断面積を小さくしても，コンクリート強度を高

写真 10.1 PHC 杭

くすれば，鉛直力に対する支持能力は変らない．

さらに，運搬中や施工中に杭にひび割れが発生するのを防止するために高張力鋼によってコンクリートを締め付けるプレストレストコンクリートとしているので，高いコンクリート強度が必要となる．

既製杭の製造工程を，図 10.10 に示す．写真 10.2 に示すように，円筒形の型枠の中にコンクリートを打設した後，これを高速回転させて遠心力によってコンクリート中の未水和の水分を絞り出し（遠心成形）て，コンクリートを密実にするとともに円筒形断面を作っている．さらに脱型後，高温高圧蒸気養生（オートクレーブ養生）することで，$80\,\mathrm{N/mm^2}$ 以上のコンクリート強度を得ることができる．杭を地盤中に埋め込む際には，この中空部を利用することによって，掘削と埋設を同時に行うことができる．

PHC 杭は，高強度コンクリートと高張力鋼を使用していること，また，中空断面なのでコアコンクリートが存在しないことから変形能力に乏しい部材となる．杭に作用する応力が大きい杭頭部分（杭頭から杭径の 3 倍程度の範囲）には，中空部にコンクリートを中詰して使用することが望ましい．

最近では，高張力鋼の一部を普通強度の鉄筋とし PC 鋼材と異形鉄筋を併用した，変形性能の優れた，PRC（プレストレスト鉄筋コンクリート）杭が開発されている．

（2）場所打ちコンクリート杭

杭を設置する場所に，円形の竪穴を掘削し，主筋とせん断補強筋で組んだ鉄筋篭を挿入後，コンクリートを打設し，そのまま硬化させることによって，円

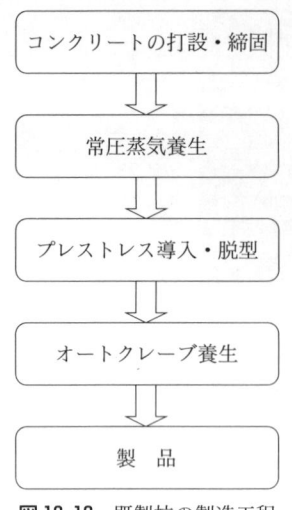

図10.10 既製杭の製造工程

写真10.2 遠心成形

形中実断面の杭をつくることができる．こうして作成された杭が場所打ちコンクリート杭（cast in place concrete pile）である．掘削中に土が穴の中に崩落しないように安定液を満たしておき，鋼管（トレミー管）を用いて，穴の底からコンクリートを打設して安定液と置き換える工法を用いる場合が多く，この場合，コンクリートは，水中コンクリートの扱いとしなければならないので注意が必要である．

10.4 基礎梁

　地震時に生じる梁や柱の応力を求める場合，図10.11に示すように杭に地盤ばねを設けて一体として解析することが最も実況に近い．しかし，多数のばねを考慮することや地盤のばね定数は地盤によって異なるのでこれを定めるのは難しい．一般には，図10.12のように上部構造と下部構造に分けてモデル化し，上部構造をピン支持として解析した後，支点反力の総和を下部構造に作用させて杭の応力を求めている．

　この場合，杭頭に生じる曲げモーメントの反力としての曲げモーメントが基礎梁に生じているので，基礎梁の設計用曲げモーメントとせん断力は，上部構造として計算した応力と杭の反力として生じる応力との和としなければならな

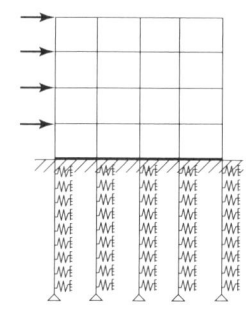

図 10.11　上部構造杭一体モデル 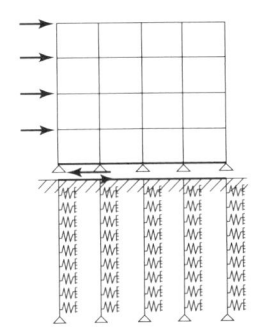　　　図 10.12　上部構造杭分離モデル

い．

10.5　最下階柱，基礎梁，基礎スラブおよび杭との接合部

　建物の耐震要素で，最も高いコンクリート強度が必要となるのは最下層の柱であり，基礎スラブや基礎梁は高いコンクリート強度を必要としない．しかし，柱と基礎スラブに，それぞれ計算上必要とされるとおりのコンクリート強度を使用すると，図 10.13 に示すように，外端や隅角部では，最下層の柱が終局に至る前にコンクリート強度の弱い基礎部分が崩壊する恐れがある．

　これを防止するためには，図 10.14 に示すように，基礎部分にも柱と同程度の強度を有するコンクリートを打設するか基礎部分の断面積を増して，柱と同程度の強度を確保しなければならない．

　1 本の柱の下を 1 本の杭で支持した場合，フーチング部分は柱と杭および基礎梁の接合部となるので，図 10.15 に示すような破壊性状を示す恐れがある．したがってこの場合には，8 章で示した柱梁接合部と同様な検討を行う必要がある．しかし，基礎部分の終局時応力は一般には計算しないので，図 10.16 のように，フーチングを剛にして，杭主筋および基礎梁上端筋と下端筋を十分に定着させることが望ましい．

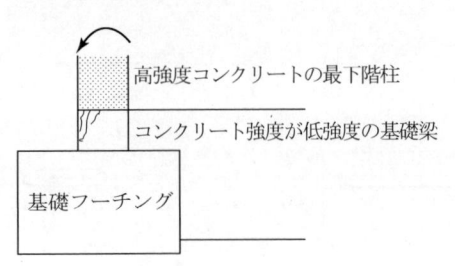

図10.13 最下層のコンクリートの打ち分け

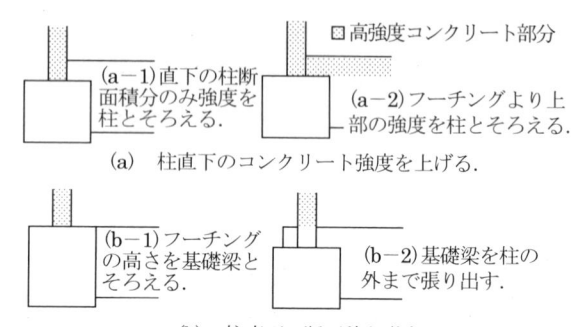

(a-1) 直下の柱断面積分のみ強度を柱とそろえる．
(a-2) フーチングより上部の強度を柱とそろえる．
(a) 柱直下のコンクリート強度を上げる．

(b-1) フーチングの高さを基礎梁とそろえる．
(b-2) 基礎梁を柱の外まで張り出す．
(b) 柱直下の断面積を増す

図10.14 コンクリート強度差の対策

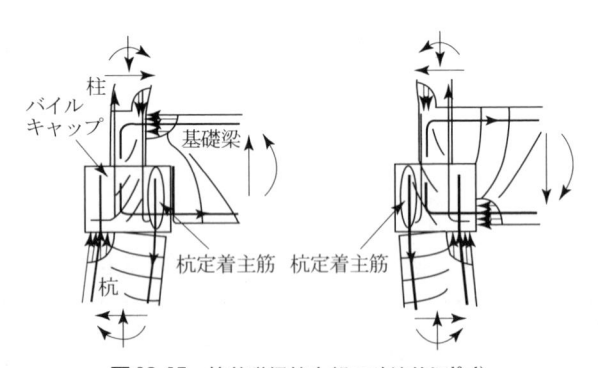

図10.15 杭基礎梁接合部の破壊状況[10-1]

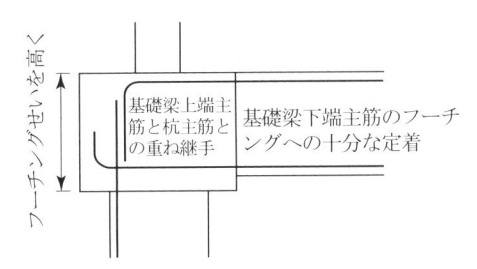

図10.16 杭基礎梁接合部終局性能の向上法

練習問題10

1. 基礎の構造形式にはどのようなものがあるか．
2. 基礎スラブの底面積の求め方について説明せよ．
3. 杭の種類にはどのようなものがあるか．
4. 既製杭に高強度コンクリートを用いてプレストレスを導入する理由について説明せよ．

第11章

面外に曲げモーメントとせん断力を受ける床スラブ

われわれの日常生活は，床スラブの上で行われている．したがって，床スラブの設計は，使用性に最も重点が置かれている．快適な生活を送るためには，床スラブは変形はもちろん振動や遮音性にも気を配らなければならない．

本章では，床スラブのたわみ制限や応力が弾性範囲内であることの検証方法について説明する．

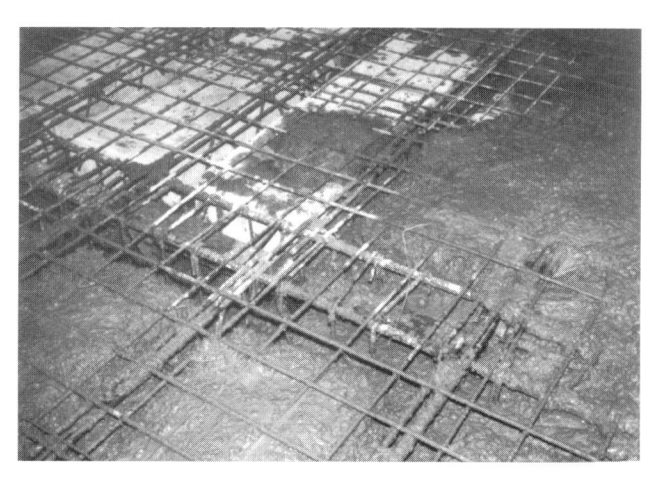

床スラブの配筋とコンクリートの打設

11.1 床スラブの構造

床スラブ (slab) は，平面部材であり，梁を介して柱などの鉛直部材に積載荷重を伝える働きをするものである．床スラブは常時使用するものなので，強度だけでなく剛性も確保して，たわんだり振動したりしないように配慮しなければならない．床スラブの厚さは，通常短辺方向の長さの 1/30 程度で，150 mm 程度とすることが多い．

スラブに荷重を載せていくと最終的には図 11.1 に示すように破壊する．しかし，建築物における床スラブは常時使用するものであり，破壊するような応力が生じる前に変形が大きくなって使用できなくなる．床スラブに対する検討は，使用性能について行うのが基本なので，ここでは許容応力度設計による床スラブの使用性能の検討について説明する．

使用性能に対する検討は，スラブに載っている外力 (荷重) に対して行うので，スラブの面外に作用する力 (あるいは変形) に対して行うものである．しかし，床スラブには，地震時に作用する層せん断力を建築物各部の耐震要素に分配する役目もあり，耐震壁のように負担するせん断力が大きい耐震要素の近

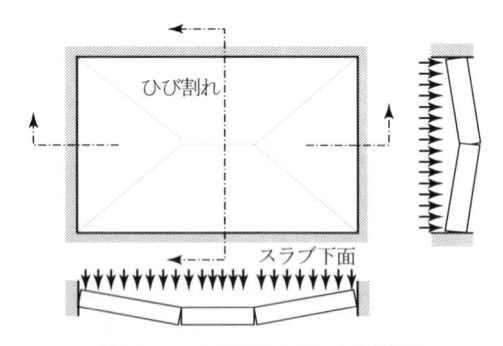

図 11.1　4 周辺固定スラブの崩壊系

表 11.1　床スラブの配筋間隔

	普通コンクリート	軽量コンクリート
短辺方向	200 mm 以下	200 mm 以下
長辺方向	300 mm 以下，かつスラブ厚さの 3 倍以下	250 mm 以下

くでは，床スラブにも大きな面内せん断力が生じている可能性があるので，注意が必要である．

このような点も考慮して，スラブ鉄筋には，D10以上の異形鉄筋を使用し，鉄筋全断面積のコンクリート全断面積に対する比は，スラブの短辺および長辺の各方向について0.2％以上とするとともに，**表11.1**の配筋規定を守ることが必要である．

11.2 床スラブの厚さ

床スラブの使用性に最も障害となるのは，過大なたわみやひび割れ，振動であるが，これらの障害は，結局スラブの剛性不足によることが多いので，床スラブの厚さをある程度確保し，スラブのたわみを小さくしておくことが重要である．

床スラブのたわみが $l_x/250$（**図11.2**）以下の場合には，ほとんど使用上の障害とはならない．床スラブのたわみは，長期間少しずつ大きくなるが，この長期のたわみは，コンクリートのクリープや乾燥収縮，主筋とコンクリートとの付着劣化の影響を受けるので，正確に予測することは難しい．

床スラブの長期たわみに関する実験は多く行われており，その模式図を**図11.3**に示す．長期たわみの実験値は，2年程度でほぼ一定となり，材料をすべて弾性と仮定して計算した弾性たわみの計算値に対し，両端固定梁の場合で12〜18倍，片持ち梁の場合で6〜12倍となっている．したがって，長期た

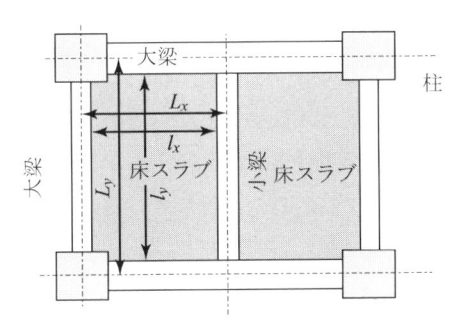

l_x：短辺有効スパン長さ，　l_y：長辺有効スパン長さ

図11.2 床スラブの構造

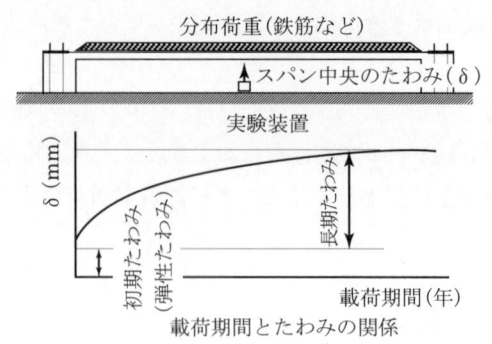

図11.3 床スラブの長期たわみに関する実験模式図

表11.2 床スラブ厚さの最小値

支持条件	スラブ厚さ t (mm)
周辺固定	$t = 0.02 \left(\dfrac{\lambda - 0.7}{\lambda - 0.6} \right)\left(1 + \dfrac{w_p}{10} + \dfrac{l_x}{10{,}000} \right) l_x$
片持ち	$t = \dfrac{l_x}{10}$

$\lambda = l_y / l_x$
l_x：短辺有効スパン長さ (mm)
l_y：長辺有効スパン長さ (mm)
w_p：積載荷重と仕上げ荷重の和 (kN/m^2)

わみを $l_x/250$ 以下とするためには，弾性たわみを $l_x/4{,}000$ 以下にする必要があり，「鉄筋コンクリート構造計算規準」[11-1] では，スラブ厚さの最小値を**表11.2**のように定めている．

　鉄筋コンクリート構造計算規準では，図11.2 に示すように，床スラブが小梁で支持される場合でも固定とみなすことにしているので，小梁にもある程度の剛性が必要である．小梁を受ける大梁には，小梁から集中荷重とともにねじれ応力が作用するので，これらの応力に対しても安全であるとともに，床スラブを受ける小梁両端部の回転とたわみ変形を抑えるための剛性も確保しなければならない．

11.3 曲げモーメントに対する許容応力度設計

11.3.1 設計用曲げモーメント

　周辺固定の長方形スラブ全面に一様な大きさの荷重が載荷されたときの曲げモーメント図の概要を**図 11.4** に示す．曲げモーメントの大きさは，短辺方向の断面では中央の XX 断面で最も大きくなる．この断面において，中央では下端が引張（負曲げモーメントと呼ぶ）となり，端部梁 B および B′ 上では上端引張り（正曲げモーメント）となる．また，断面が梁 A，A′ に近づくと中央部の正曲げモーメント，端部の負曲げモーメントともに小さくなる．長辺方向の曲げモーメント分布も同様であるが，短辺方向の曲げモーメントに比べその大きさは小さい．

　鉄筋コンクリート構造計算規準では，簡単のために床スラブを**図 11.5** に示

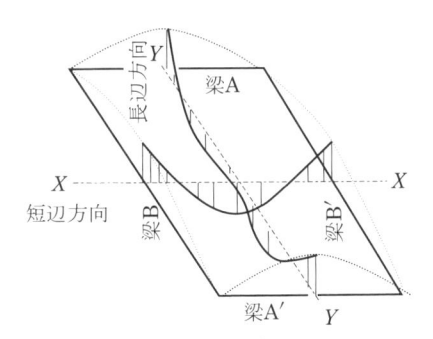

図 11.4 床スラブの曲げモーメント図

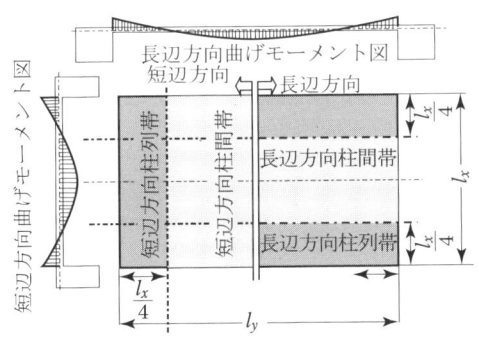

図 11.5 床スラブの曲げモーメントと設計用の区分

すように短辺方向と長辺方向をそれぞれ中央ゾーンの柱間帯と梁近傍ゾーンの柱列帯に分け，それぞれ両端固定の梁として設計することとしている．

（1） 柱間帯の設計用曲げモーメント

スラブの中央で考えてみると，**図11.6**に示すように，2本の交差梁としてスラブの荷重を受けることとなり，スラブの荷重(w)は2本の交差梁中央のたわみが等しくなるように短辺方向，長辺方向の2方向の梁に分配されると考えることができる．短辺方向の梁に分配される荷重(w_x)は，式(11.1)で示され，単位幅に対する両端部の最大負曲げモーメント(M_{x1})と中央部の最大正曲げモーメント(M_{x2})はそれぞれ式(11.2)で示される．

$$w_x = \frac{l_y^4}{l_x^4 + l_y^4} w \tag{11.1}$$

$$M_{x1} = -\frac{1}{12} w_x l_x^2, \quad M_{x2} = \frac{1}{18} w_x l_x^2 \tag{11.2}$$

長辺方向に分配される荷重(w_y)は，l_x と l_y が等しいとき最大となり，全荷重wの半分となるので，設計用曲げモーメントとしてこの値を採用している．単位幅に対する両端部の最大負曲げモーメント(M_{y1})と中央部の最大正曲げモーメント(M_{y2})はそれぞれ式(11.3)で示される．

$$M_{y1} = -\frac{1}{24} w l_x^2, \quad M_{y2} = \frac{1}{36} w l_x^2 \tag{11.3}$$

（2） 柱列帯の設計用曲げモーメント

柱列帯の設計用曲げモーメントは，簡単のために，式(11.2)および式(11.3)の値の半分としている．

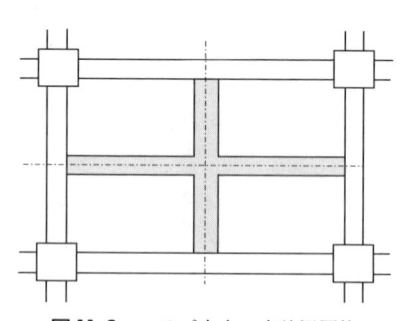

図11.6 スラブ中央の交差梁置換

11.3.2 許容曲げモーメント

　床スラブの必要配筋量は，式 (11.2) と式 (11.3) およびその半分の 8 つの設計用曲げモーメントに対して検討する．スラブを両端固定の梁として応力を算定しているので，許容曲げモーメントも梁と同じ方法で検討すればよい．単位幅あたりの必要鉄筋量は，式 (11.4) で計算できる．

$$a_t = \frac{M}{f_t j} \tag{11.4}$$

　　a_t：単位幅あたりの必要鉄筋量 (mm^2/m)
　　M：検討方向および位置の設計用曲げモーメント (Nmm/m)
　　f_t：鉄筋の長期許容引張応力度 (N/mm^2)
　　j：検討方向鉄筋の応力中心間距離 (mm)

11.4　せん断力に対する検討

　通常，床スラブはせん断応力に対して安全な場合がほとんどで，とくに検討をおこなわない．しかし，片持ちスラブ，開口のあるスラブあるいは集中荷重を受けるスラブでは，せん断力に対して危険になる場合もあるので，せん断力と付着に対する検討が必要である．

　耐震壁や開口周辺のスラブは，前述したように地震時に面内のせん断応力が発生するので，忘れずに，スラブ厚さや配筋量の検討が必要である．

練習問題 11

1. 床スラブの設計に際し，注意すべきことは何か．
2. 床スラブの弾性たわみと長期たわみの関係について説明せよ．

第12章

構造計算の流れ

5章から11章まで，建物各部の性能と検証方法について説明してきた．最後に，建物が，4章で示した建物に必要な性能を有しているかどうかの検証の流れを示した．耐震の観点からは，建物の保有耐力を検証することが重要である．例題でも各章での例題を総まとめして，骨組みの保有耐力を求めている．

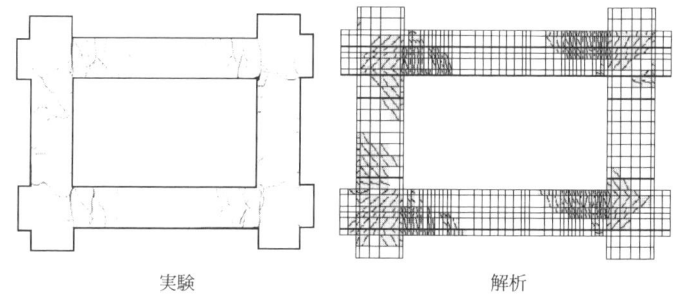

　　　実験　　　　　　　　　解析
3次元有限要素法解析によるひび割れ発生状況の比較

12.1 構造設計

　これまで，構造材料と部材の性能および構造物に必要な性能について述べてきた．最後に構造計算の流れについて簡単に説明をしておく．構造設計は構造計画と構造計算からなる．構造計画は，構造材料と構造形式を選択し，スパン長さや階高さ，主要部材の寸法や耐震壁の配置などを決定する作業で，平面計画や意匠設計と密接に関連した作業である．

　構造計算は，決定された構造体が想定された性能を有していることを確認する作業である．確認の方法にも各種あるが，ここでは最も多く行われている，図 12.1 に示す性能確認形による構造計算の流れについて説明する．この方法は，断面の配筋など，建築物に関する必要な事項すべてを決定した後，建物が必要な性能や法律を満足していることを確認していく方法である．

　満足しない事項が生じた場合には，最初の仮定に戻って作業のやり直しとなるが，性能確認のプロセスは，配筋を定める作業に比べるとプログラム化しやすいこともあって，現在広く行われている[12-1]．

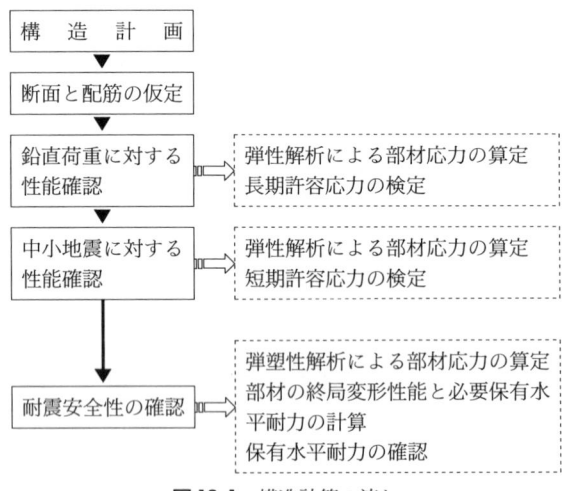

```
構造計画
  ▼
断面と配筋の仮定
  ▼
鉛直荷重に対する    ⇨  弾性解析による部材応力の算定
性能確認                長期許容応力の検定
  ▼
中小地震に対する    ⇨  弾性解析による部材応力の算定
性能確認                短期許容応力の検定
  ▼
耐震安全性の確認    ⇨  弾塑性解析による部材応力の算定
                        部材の終局変形性能と必要保有水
                        平耐力の計算
                        保有水平耐力の確認
```

図 12.1　構造計算の流れ

12.2 準備計算

構造計算を始める前に，まず，使用材料の確認と許容応力度をまとめ，次に，必要となる荷重を計算しておく．主な荷重には以下のものがある．

① 固定荷重：建物自身の重さである．床スラブは仕上げも含めて単位面積あたりの重さとして，梁や柱は単位長さあたりの重さとして計算しておく．

② 積載荷重：建物に固定されていないものの重さで，家具や人などの重さである．床スラブの検討を行うときには，考えられる全積載荷重が載っているものとして計算しておく．梁や地震荷重の検討を行うときには，すべての床に全積載荷重が載っている可能性は少ないので，可能性の高さに応じて，それぞれ積載荷重を減らすのが一般的である．

③ 地震力：固定荷重と積載荷重の和に層せん断力係数を乗じる．層せん断力係数には，建設予定地や高さ方向のせん断力分布を考慮する．

④ その他：風荷重や積雪荷重

荷重の計算ができたところで，建物のモデル化を行う．一般に，柱や梁，耐震壁といった耐震要素を線材とした平面もしくは立体のモデルとする．線材（耐震要素）の復元力特性は本書 4 章から 11 章に基づいて定める．

12.3 一次設計時検討

12.3.1 常時荷重時応力に対する検討

構造モデルに，固定荷重と積載荷重を作用させ，部材各部の応力を計算する．この常時荷重による応力（長期設計用応力）が，長期許容応力以下となっていることを確認する．

12.3.2 短期応力に対する検討

構造モデルに，地震力を作用させ，水平荷重時応力を算定する．地震力は左右両方向から作用させ，水平荷重時応力の大きい方と長期応力との和を，短期設計用応力とする．この短期設計用応力が短期許容応力以下となっていることを確認する．

12.4 偏心率と剛性率の計算

剛心（水平荷重に対する剛性の中心）と重心（軸力の中心とすることが多い）の位置を計算し，各層の水平方向のバランスを検討する．水平荷重時の各層のせん断力と変形の関係から，各層の剛性を計算し，高さ方向の剛性のバランスを検討する．

12.5 保有水平耐力の検討

12.5.1 保有水平耐力計算の精算

大地震動時の建物の安全性を確認するために崩壊メカニズムの確認と保有水平耐力の確認を行う．保有水平耐力の精算は，通常下記の手順で行う．

① 外力分布の決定：構造モデルに対し，地震力に対する静的な弾塑性増分解析を行う．通常，外力分布は一次設計のときに用いた外力分布とする．

② 崩壊メカニズムの確認：建築物全体もしくは一部が不安定な状態になるような塑性ヒンジが形成されたとき．または，十分な塑性ヒンジが形成されなくても層間変形の最大値が著しく大きくなったときを建物の崩壊とみなす．

③ 部材の靱性ランクの確認：崩壊メカニズムとなったときの部材各部の応力からその耐震要素の変形性能を求め，FA～FDの4ランクに分類する．最も変形性能がある部材がFA部材であり，FD部材はせん断破壊する部材である．

④ 構造物の変形性能の確認と必要保有水平耐力の計算：各耐震要素の靱性ランクを集計して，層としての変形性能を求める．層の変形性能に応じ，各層に必要な保有水平耐力を求める．

⑤ 保有水平耐力の確認：崩壊メカニズムのときの各層の層せん断力が，必要保有水平耐力を上回っていることを確認する．

12.5.2 保有水平耐力の略算

骨組みの弾塑性増分解析を行うには，専用のプログラムが必要であるが，層間変形を求めずに骨組みの崩壊形とそのときの部材応力だけを求めるには，必ずしも増分解析を行う必要はなく簡便な方法も提案されている．

（1） 節点振り分け法

部材各断面の終局曲げモーメントから，建物全体の崩壊メカニズムを確定し，降伏していない材には，適当な方法でモーメントを配分して，各層の崩壊メカニズムのときの層せん断力を計算する方法である．この方法では，外力分布が結果として求まるが，それが非現実的な外力分布になっている恐れもあるので，注意が必要である．柱と梁からなる骨組みについて手順を以下に示す．

① 梁の部材端（フェース位置）での終局曲げモーメントを計算する．
② 梁に組成ヒンジが発生すると仮定して，梁の終局曲げモーメント時のせん断力を計算し，柱軸力を求める．
③ 柱の終局曲げモーメントを計算する．
④ 柱と梁についてそれぞれ節点における終局曲げモーメントの和を計算する．
⑤ 両者を比較して，塑性ヒンジが梁端に生じるか柱端に生じるかを判断する．梁端にヒンジが発生する場合には⑦へ進む．
⑥ 柱端にヒンジが発生した場合には，柱軸力を計算しなおして，③に戻り，③で使用した柱軸力と矛盾しなくなるよう配慮する．
⑦ 塑性ヒンジが発生しない方の部材に，節点のヒンジモーメントを配分する．配分割合は，一次設計時のモーメントの比，弾性剛性の比，半分ずつなどの方法がとられる．
⑧ 柱のせん断力を計算し，層ごとに総和して，崩壊メカニズムのときの層せん断力を求める．
⑨ 前項精算法の③以降の計算をする．

（2） 仮想仕事法

外力分布を決めて行う略算法に仮想仕事法がある．この方法は連層耐震壁の保有耐力計算を行う場合に有効な方法であるが，ここでは，節点振り分け法と同様に柱と梁からなる骨組の場合についての手順を以下に示す．

① 分割法の①～⑥にしたがって塑性ヒンジ発生位置を計算する．
② 塑性ヒンジ以外の節点は剛節と考えて，層の変形と塑性ヒンジの回転角との関係を求める．
③ 外力と変形の関係から外力仕事を計算し，終局曲げモーメントと節点回

転角の関係から内力仕事計算する．この両者が等しいことを用いて外力の大きさを計算する．

④ 精算法の③以降の計算をするが，この方法では部材の応力が確定できない場合もあるので注意が必要である．

例題 12.1

分割法による保有水平耐力の計算

【解答】

（1） 図 4.11（例題図 4）を線材にモデル化する．降伏は柱梁接合部の接合端面に起こると考えて，柱梁接合部はすべて剛と考える．

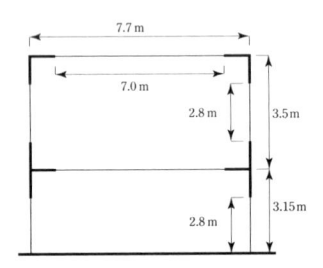

（2） 梁の降伏曲げモーメント（$_bM_y$）は式（5.5）より

$$_bM_y = a_{st}\sigma_y \frac{7}{8}d = 3\times 387\times 345\times 560 = 224.3\,\text{kNm}$$

　　圧縮縁から下端鉄筋までの距離　$d = 640\,(\text{mm})$
　　引張鉄筋の断面積の総和　$a_{st} = 3\times 387\,(\text{mm}^2)$
　　鉄筋の降伏応力度　$\sigma_y = 345\,(\text{N/mm}^2)$

（3） 柱の降伏曲げモーメント（$_cM_y$）は，略算的に最大曲げモーメントと等しいとして，例題 7.2 より

$$_cM_y = 373.8\times 10^6 + 700\times(1-0.17)10^6 = 954.8\,\text{kNm}$$

（4） 梁端と柱端の曲げ降伏モーメントの大小から，降伏ヒンジの位置と節点の曲げモーメントおよび梁柱のせん断力を下図に示す．梁の曲げモーメントを 1 階柱の柱頭と 2 階柱の柱脚の曲げモーメントに振り分ける．振り分け方には各種あるが，ここでは等配分とする．

$$\text{梁の節点曲げモーメント} = 224.3\times \frac{7.7}{7.0} = 246.7$$

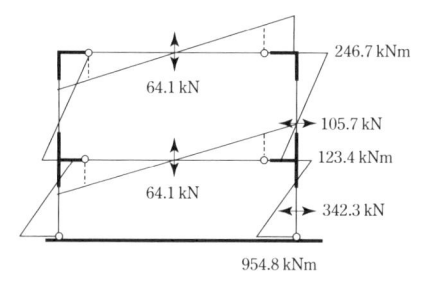

```
                    ↑↓
              ┌─────────┐      246.7 kNm
              │  64.1 kN │
              │    ↑↓   │      105.7 kN
              ├─────────┤      123.4 kNm
              │  64.1 kN │
              │    ↑↓   │      342.3 kN
              └─────────┘
                              954.8 kNm
```

（5）骨組みの保有耐力は

　　　　2 階で 211.4 kN　　　1 階で 684.6 kN

となる．

　ここでは，梁せん断力に伴う柱の軸力変動を無視している．柱の軸力は，梁のせん断力の影響を受け，1 階柱の軸力＝2,000±128.2 (kN) となり，1 階柱脚の降伏曲げモーメントは，軸力 2,000 kN で計算した値とは異なる．したがって，骨組みの耐力を精算する場合には，左右柱脚の降伏曲げモーメントを計算し直す必要がある．

練習問題 12

1. 準備計算としての項目をあげよ．
2. 一次設計時の検討項目について説明せよ．
3. 保有耐力を精算するときの手順について説明せよ．
4. 保有耐力の略算法にはどのようの方法があるか
5. 例題 12.1 について，保有水平耐力を仮想仕事法によって計算せよ．1 階の外力は 2 階の外力の 2 倍とする．

解　答

練習問題1

1. 本文3ページ「1.2　鉄筋コンクリート構造の特徴」を参照．
2. 本文5ページ「1.3　構造形式」を参照．
3. 本文7ページ「1.4　いろいろな鉄筋コンクリート構造」を参照．

練習問題2

1. 本文12ページ「2.1　コンクリートの性能」を参照．
2. 本文15ページ「（1）ポルトランドセメント」を参照．
3. 本文16ページ「（2）混合セメント」を参照．
4. 本文17ページ「（2）性質」を参照．
5. 本文18ページ「2.2.4　混和材料」を参照．
6. 本文19ページ「2.3　フレッシュコンクリートの性質」を参照．
7. 本文23ページ「（1）圧縮強度」を参照．
8.
$$_cE = 3.35 \times 10^4 \left(\frac{24}{24}\right)^2 \left(\frac{27}{60}\right)^{\frac{1}{3}} = 2.57 \times 10^4 \, \text{N/mm}^2$$

   ヤング係数は　$25.7 \, \text{kN/mm}^2$

9. 本文26ページ「（4）クリープ」を参照．
10. 本文27ページ「2.4.2　耐久性に関わる性質」を参照．
11. 本文32ページ17行目以降を参照．
12. 本文33ページ「2.7.1　暑中コンクリート」を参照．
13. 本文34ページ「2.7.2　寒中コンクリート」を参照．
14. 本文35ページ1行目以降を参照．

練習問題3

1. 本文41ページ「**表3.1**」を参照．
2. 本文41ページ下から1行目以降を参照．
3. 本文42ページ「3.2　連続繊維補強材」を参照．

練習問題 4

1. 本文 46 ページ「4.1 鉄筋コンクリート造建築物に必要な構造性能」を参照．
2. 本文 46 ページ 11 行目以降を参照．
3. 本文 48 ページ 1 行目以降を参照．

練習問題 5

1. 等価断面積 A_e は
$$n=\frac{205}{25.7}=7.98$$
$$A_e=(7.98-1)\times 287\times 6+300\times 700=222{,}020\,\text{mm}^2$$
コンクリートと鉄筋の断面積の重複を認めると，
$$A_e=7.98\times 287\times 6+300\times 700=223{,}742\,\text{mm}^2$$

2.
$$I_e=\frac{300\times 700^3}{12}+2\times 3\times 6.98\times 287\times(350-60)^2=0.96\times 10^{10}\,\text{mm}^4$$
コンクリートと鉄筋の重複を認めると
$$I_e=\frac{300\times 700^3}{12}+2\times 3\times 7.98\times 287\times(350-60)^2=0.97\times 10^{10}\,\text{mm}^4 \quad \text{となる．}$$

3.
$$Z_e=\frac{0.96\times 10^{10}}{350}=2.74\times 10^7\,\text{mm}^3$$
重複を認めると
$$Z_e=\frac{0.97\times 10^{10}}{350}=2.77\times 10^7\,\text{mm}^3$$

4.
$$M_c=0.56\sqrt{27}\times 27.4\times 10^6=0.56\times 5.20\times 27.4\times 10^6=79.8\,\text{kNm}$$
コンクリートと鉄筋の重複を許容すると
$$M_c=0.56\times 5.20\times 27.7\times 10^6=80.7\,\text{kNm}$$
鉄筋を無視すると
$$M_c=0.56\times 5.20\times \frac{300\times 700^2}{6}=71.3\times 10^6=66.2\,\text{kNm}$$

5.
$$_cC=0.5x_{nc}\sigma_c b=0.5\times x_n\times 25.7\times x_n\phi\times 300$$
$$_sC={_sa_s}\sigma_c=287\times 3\times 15\times 25.7\times(x_n-60)\phi, \quad \text{表 5.2 より} \quad n=15$$

$_sT = {}_sa_s\sigma_t = 287 \times 3 \times 15 \times 25.7 \times (640 - x_n)\phi$,

$_cC + {}_sC = {}_sT$

$3,855 \times x_n^2 \phi + 331,916 \times (x_n - 60)\phi = 331,916 \times (640 - x_n)\phi$

$3,855 x_n^2 + 2 \times 331,916 x_n - 232,341,200 = 0$

$x_n^2 + 2 \times 86.1 x_n - 60,270 = 0$

$x_n = 174.1 \text{ mm}$

（1） コンクリートが短期許容応力度に達するときの

$$\phi = \frac{18}{25.7 \times 10^3 \times 174.1} = 0.00402 \times 10^{-3}$$

（2） 圧縮鉄筋が短期許容応力度 f_t に達するときの

$$\phi = \frac{345}{15 \times 25.7 \times 10^3 \times (174.1 - 60)} = 0.00784 \times 10^{-3}$$

（3） 引張鉄筋が短期許容応力度 f_t に達するときの

$$\phi = \frac{345}{15 \times 25.7 \times 10^3 \times (640 - 174.1)} = 0.00192 \times 10^{-3}$$

短期許容曲げモーメント時の $x_n = 174.1 \text{ mm}$, $\phi = 0.00192 \times 10^{-3}$ なので,

$_c\sigma_c = 25.7 \times 10^3 \times 174.1 \times 0.00192 \times 10^{-3} = 8.59 \text{ N/mm}^2$

$_s\sigma_c = 15 \times 25.7 \times 10^3 \times (174.1 - 60) \times 0.00192 \times 10^{-3} = 84.5 \text{ N/mm}^2$

$_s\sigma_t = 15 \times 25.7 \times 10^3 \times (640 - 174.1) \times 0.00192 \times 10^{-3} = 345 \text{ N/mm}^2$

$_cC = 0.5 \times 174.1 \times 8.59 \times 300 = 224.3 \text{ kN}$

$_sC = {}_sa_s\sigma_c = 287 \times 3 \times 84.5 = 72.8 \text{ kN}$

$_sT = {}_sa_s\sigma_t = 287 \times 3 \times 345 = 297.0 \text{ kN}$

$_cC + {}_sC - {}_sT = 0.1 \text{ kN}$ の丸めによる誤差

$M = 224.3 \times 116.1 + 72.8 \times 114.1 + 297 \times 465.9 = 172.7 \text{ kNm}$

式 (*5.15*) の略算式によると, $M = 3 \times 287 \times 345 \times 560 = 166.3 \text{ kNm}$ となり, 約 4 ％ の誤差である.

6. 本文 71 ページ式 (*5.12*) を参照.

7. 本文 72 ページ下から 9 行目以降を参照.

8. 本文 73 ページ**図 5.7** を参照.

9. 式 (*5.15*) より, $M = 3 \times 287 \times 345 \times 560 = 116.3 \text{ kNm}$.

10. 本文 73 ページ「5.5.3　ヤング係数比」を参照.

練習問題6

1.

$$\frac{M}{Qd} = \frac{3,500}{640} = 5.47$$

$$Q_{c\min} = \frac{0.065 \times 0.72 \times 77}{3 + 1.7} \times 300 \times 560 = 128.8 \, \text{kN}$$

2.

$$k_p = 2.36 \left(\frac{861}{300 \times 640}\right)^{0.23} = 0.68$$

$$p_w = 0.00316$$

$$Q_{u\min} = \left\{\frac{0.092 \times 0.72 \times 0.68 \times 45}{3 + 0.12} + 0.85\sqrt{0.00316 \times 295}\right\} \times 300 \times 640 \times \frac{7}{8}$$

$$= (0.650 + 0.85 \times 0.965) \times 300 \times 560 = 247.0 \, \text{kN}$$

3. 梁の降伏モーメント $M_y = 0.9 \times 3 \times 287 \times 345 \times 640 = 171.1 \, \text{kNm}$

$$Q_D = 27.2 + \frac{2 \times 171.1}{7} = 76.1 \, \text{kN}$$

$$\alpha = 1$$

$$f_{ss} = \left(0.5 + \frac{27}{100}\right) \times 1.5 = 1.16$$

$$_w f_t = 295, \quad p_w = 0.00316$$

$$Q_{AS} = \{1.16 + 0.5 \times 295 \times (0.00316 - 0.002)\} \times 300 \times 560 = 223.6 \, \text{kN} > Q_D$$

4.

側面かぶり厚さ $C_s = 40 \, \text{mm}$

上面かぶり厚さ $C_b = 60 - \dfrac{19}{2} = 50.5 \, \text{mm}$

最小かぶり厚さ $C_{\min} = 40 \, \text{mm}$

(a) Vノッチスプリット破壊の場合 $b_{vi} = \sqrt{3}\left(\dfrac{2 \times 40}{19} + 1\right) = 9.02$

(b) コーナースプリット破壊の場合 $b_{Ci} = \sqrt{2}\left(\dfrac{40 + 50.5}{19} + 1\right) - 1 = 8.15$

(c) サイドスプリット破壊の場合 $b_{si} = \dfrac{1}{19}\left(\dfrac{300}{3} - 19\right) = 4.26$

破壊形式はサイドスプリット破壊となる．

$$\tau_{C0} = (0.119 \times 4.26 + 0.165)\sqrt{27} = 3.49$$

$$\tau_{st} = 9.61 \frac{1 \times 2 \times 71}{150 \times 3 \times 19} \sqrt{27} = 0.83 \leq 0.336\sqrt{27} = 1.74$$

$\tau_{bu} = (3.49 + 0.83) \times 0.82 = 3.54 \, \text{N/mm}^2$

5.

コンクリート短期許容付着応力度　$f_{bS} = \left(\dfrac{27}{40} + 0.9\right) \times 0.8 = 1.26 \, \text{N/mm}^2$

$C = \min(81.5, \ 120, \ 95) = 81.5$

$W = 25.2 \leqq 2.5 \times 19 = 47.5$

$\tau_{baS} = \left\{\dfrac{0.3 \times (81.5 + 25.2)}{19} + 0.4\right\} \times 1.26 = 2.63 \, \text{N/mm}^2$

圧縮端でも降伏する場合を考えて，

$\tau_D = \left(\dfrac{345 \times 287}{60 \times \dfrac{7{,}000 - 640}{2}}\right) = 0.52 \, \text{N/mm}^2 \leqq 2.63 \, \text{N/mm}^2$

6．式 (6.23) より

$$l_{db} = \dfrac{345 \times 287}{60 \times 2.63} = 627.5 \, \text{mm}$$

梁端から　$640 + 627.5 = 1{,}267.5 \, \text{mm}$ 以上離れたところで，カットオフすることができる．

7．本文 81 ページ下から 5 行目以降を参照．

8．本文 83 ページ **図 6.3** を参照．

9．本文 89 ページ「（d）設計用せん断力」を参照．

10．本文 93 ページ「（2）梁主筋の付着割裂強度」を参照．

11．本文 101 ページ「（4）鉄筋の継手」を参照．

12．本文 103 ページ「（c）機械式継手」を参照．

13．あばら筋には，梁の「せん断破壊防止」「主筋の付着割裂破壊の防止」「主筋の座屈防止」の働きがある．

練習問題 7

1．

$$M_c = \left(0.56\sqrt{27} + \dfrac{2{,}000{,}000}{700 \times 700}\right) \times \dfrac{700 \times 700^2}{6}$$

$\qquad = (2.91 + 4.08) \times 57.2 \times 10^6$

$\qquad = 399.8 \, \text{kNm}$

2．

$0.4 b D \sigma_B = 0.4 \times 700 \times 700 \times 27 = 5.3 \times 10^6 = 5{,}300 \, \text{kN} > 2{,}000 \, \text{kN}$

式 (7.4) より

$$M = 0.8 \times 287 \times 5 \times 345 \times 700 + 0.5 \times 2{,}000{,}000 \times 700 \left(1 - \frac{2{,}000{,}000}{700 \times 700 \times 27}\right)$$

$$= 277.2 \times 10^6 + 700 \times (1 - 0.15)10^6 = 872.2 \,\text{kNm}$$

3. **図5.6** よりひずみ分布は直線となる．傾きを ϕ とする．

$$_cC = 0.5 x_{nc} \sigma_c B = 0.5 \times x_n \times 25.7 \times 10^3 \times x_n \phi \times 700$$

$$_sC = {_sa_s}\sigma_c = 287 \times 5 \times 15 \times 25.7 \times 10^3 \times (x_n - 60)\phi \quad \text{表5.2 より} \quad n = 15$$

$$_sT = {_sa_s}\sigma_t = 287 \times 5 \times 15 \times 25.7 \times 10^3 \times (640 - x_n)\phi$$

（1） $x_n = 300\,\text{mm}$ と仮定する．

　（a）コンクリートが短期許容応力度に達するときの

$$\phi = \frac{18}{25.7 \times 10^3 \times 300} = 0.002335 \times 10^{-3}$$

　（b）圧縮鉄筋が短期許容応力度 f_t に達するときの

$$\phi = \frac{345}{15 \times 25.7 \times 10^3 \times (300 - 60)} = 0.003729 \times 10^{-3}$$

　（c）引張鉄筋が短期許容応力度 f_t に達するときの

$$\phi = \frac{345}{15 \times 25.7 \times 10^3 \times (640 - 300)} = 0.002632 \times 10^{-3}$$

（a）の場合が最も小さいので，$\phi = 0.002335 \times 10^{-3}$

$$_cC = 0.5 \times 300 \times 25.7 \times 300 \times 0.002335 \times 700 = 1{,}890.3\,\text{kN}$$

$$_sC = 287 \times 5 \times 15 \times 25.7 \times (300 - 60) \times 0.002335 = 310.0\,\text{kN}$$

$$_sT = 287 \times 5 \times 15 \times 25.7 \times (640 - 300) \times 0.002335 = 439.2\,\text{kN}$$

$$_cC + {_sC_s} - {_sT} = 1{,}890.3 + 310.0 - 439.2 = 1760.8\,\text{kN} < 2{,}000\,\text{kN}$$

　$x_n > 300\,\text{mm}$ と考えられる．

（2） $x_n = 400\,\text{mm}$ と仮定する

　（a）コンクリートが短期許容応力度に達するときの　$\phi = 0.001751 \times 10^{-3}$

　（b）圧縮鉄筋が短期許容応力度 f_t に達するときの　$\phi = 0.002632 \times 10^{-3}$

　（c）引張鉄筋が短期許容応力度 f_t に達するときの　$\phi = 0.003729 \times 10^{-3}$

（a）の場合が最も小さいので，$\phi = 0.001751 \times 10^{-3}$

$$_cC = 0.5 \times 400 \times 25.7 \times 400 \times 0.001751 \times 700 = 2{,}520.0\,\text{kN}$$

$$_sC = 287 \times 5 \times 15 \times 25.7 \times (400 - 60) \times 0.001751 = 329.3\,\text{kN}$$

$$_sT = 287 \times 5 \times 15 \times 25.7 \times (640 - 400) \times 0.001751 = 232.5\,\text{kN}$$

$$_cC + {_sC_s} - {_sT} = 2{,}520.0 + 329.3 - 232.5 = 2{,}616.8\,\text{kN} > 2{,}000\,\text{kN}$$

　$x_n < 400\,\text{mm}$ と考えられる．

　　(1)と(2)の関係を下図に示す．

解図1

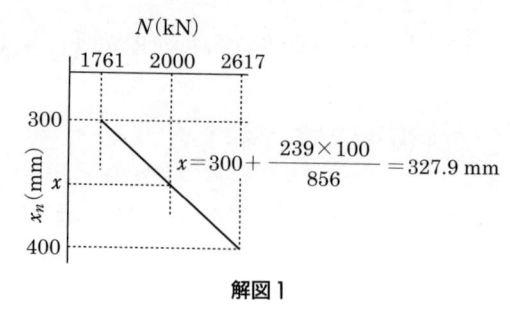

$$x = 300 + \frac{239 \times 100}{856} = 327.9 \text{ mm}$$

$$x = 300 + \frac{239 \times 100}{856} = 327.9 \text{ mm}$$

（3） $x_n = 328$ mm と仮定する

　（a） コンクリートが短期許容応力度に達するときの

$$\phi = \frac{18}{25.7 \times 10^3 \times 328} = 0.002135 \times 10^{-3}$$

　（b） 圧縮鉄筋が短期許容応力度 f_t に達するときの

$$\phi = \frac{345}{15 \times 25.7 \times 10^3 \times (328-60)} = 0.003339 \times 10^{-3}$$

　（c） 引張鉄筋が短期許容応力度 f_t に達するときの

$$\phi = \frac{345}{15 \times 25.7 \times 10^3 \times (640-328)} = 0.002868 \times 10^{-3}$$

（a）の場合が最も小さいので，$\phi = 0.002135 \times 10^{-3}$

　　$_cC = 0.5 \times 328 \times 25.7 \times 328 \times 0.002135 \times 700 = 2,066.1$ kN

　　$_sC = 287 \times 5 \times 15 \times 25.7 \times (328-60) \times 0.002135 = 316.5$ kN

　　$_sT = 287 \times 5 \times 15 \times 25.7 \times (640-328) \times 0.002135 = 368.5$ kN

　　$_cC + {_sC_s} - {_sT} = 2,014.1$ kN ≒ 2,000 kN

約1％の誤差であるので，$x_n = 328$ mm とする．
断面の中心軸周りの曲げモーメントを計算すると，下式となる．

　　$M = 2,066.1 \times 240.7 + 316.5 \times 290 + 368.5 \times 290 = 696.0 \times 10^3$ kNmm

　　　$= 696.0$ kNm

4.

　　$\sigma_0 = 4.08$ N/mm²

　　$\sigma_{ct} = 0.33\sqrt{27} = 1.72$ N/mm²

　　$Q_c = \dfrac{\sqrt{1.72^2 + 1.72 \times 4.08}}{1.5} \times 700 \times 700 = 1,032.3$ kN

解 答 193

5.
$$k_p = 2.36 \times \left(\frac{287 \times 5}{700 \times 640}\right)^{0.23} = 0.63$$

$$p_w = \frac{2 \times 127}{700 \times 75} = 0.00484$$

$$\sigma_0 = 4.08 \,\text{N/mm}^2$$

$$\frac{M}{Qd} = \frac{1,400}{640} = 2.19$$

$$Q_{u\min} = \left\{\frac{0.092 \times 0.72 \times 0.63 \times 45}{2.19 + 0.12} + 0.85\sqrt{0.00484 \times 295} + 0.1 \times 4.08\right\}$$
$$\times 700 \times 560$$
$$= (0.813 + 1.016 + 0.408) \times 700 \times 560 = 876.9 \,\text{kN}$$

6. 梁の降伏曲げモーメントは練習 6.3 により
$$M_y = 171.1 \,\text{kNm}$$

柱の降伏曲げモーメントは練習 7.2 より,
$$M = 872.2 \,\text{kNm}$$

図 7.9(a)より $Q_D = \dfrac{2 \times 872.2}{2.800} = 623.0 \,\text{kN}$

図 7.9(b)より $Q_D = \dfrac{872.2 + 0.5 \times 2 \times 171.1}{2.800} = 372.6 \,\text{kN}$

$${}_cQ_{AS} = (1.16 + 0.5 \times 295 \times 0.00284) \times 700 \times 560 = 618.9 \,\text{kN} > Q_D = 372.6 \,\text{kN}$$

なので OK.

7. 本文 111 ページ 図 7.6 の曲げ降伏モーメントを参照.

8. せん断補強筋の柱に対する働きには,「せん断破壊防止」「主筋の付着割裂破壊の防止」「主筋の座屈防止」がある.

9. 本文 120 ページ「7.3.5 変形性能と復元力特性」を参照. 柱の変形性能を向上させるためには「柱に作用させる軸方向応力度を小さく」「十分なせん断補強をおこなう」ことが重要である.

練習問題 8

1.
$$\sigma_t = 0.5\sqrt{27} = 2.60 \,\text{N/mm}^2$$

練習 7.4 より $\sigma_0 = 4.08 \,\text{N/mm}^2$

$$\tau_{jC} = \sqrt{2.60^2 + 2.60 \times 4.08} = 4.17 \,\text{N/mm}^2$$

$$D_j = 700$$
$$b_j = \frac{700+300}{2} = 500\,\mathrm{mm} < 300 + 2 \times \frac{700}{4} = 650\,\mathrm{mm}$$
$$Q_{jc} = 4.17 \times 500 \times 700 = 1,460\,\mathrm{kN}$$

2．式 (8.7) により計算する．
   $\kappa = 1.0$（十字形接合部）
   $\phi = 1.0$（直交梁有）
$$Q_{ju} = 0.8 \times 1.0 \times 1.0 \times 27^{0.7} \times 500 \times 700 = 2,800\,\mathrm{kN}$$

3．設計用せん断力は，式 (8.8) で計算する．
   梁の降伏曲げモーメントは練習 6.3 により
   $M_y = 171.1\,\mathrm{kNm}$, $L = 3,500 + 3,500 + 700 = 7,700$
   $\xi = 0.176$
$$Q_{Dj} = \sum \frac{M_y(1-\xi)}{j} = \frac{2 \times 171,100 \times (1-0.176)}{560} = 503\,\mathrm{kN}$$

許容せん断力は，式 (8.11) で計算する．
十字形接合部，通し配筋なので，$\kappa_A = 10$（十字形接合部）$\phi_A = 1.0$
$$Q_{Aj} = 1.0 \times 10 \times (1.16 - 0.5) \times 500 \times 700 = 2,310\,\mathrm{kN} > 503\,\mathrm{kN} = Q_{Dj}$$

4．通し鉄筋の検定は，式 (8.15) により行う．
$$\frac{d_b}{D} = \frac{19}{700} = 0.0271 < 3.6 \times \frac{1.5+2.7}{345} = 0.0438$$

5．本文 135 ページ 11 行目以降を参照．

練習問題 9

1．本文 155 ページ「9.9　耐震壁の配置」を参照．
2．本文 152 ページ 13 行目以降を参照．
3．本文 142 ページ 14 行目以降を参照．

練習問題 10

1．本文 158 ページ「10.1　基礎の構造」を参照．
2．本文 161 ページ式 (10.1) を参照．
3．本文 164 ページ以降「（1）既製杭」，「（2）場所打ちコンクリート杭」を参照．
4．本文 164 ページ「（1）既製杭」を参照．

解　答　195

練習問題 11
1. 本文 172 ページ「11.1　床スラブの構造」を参照．
2. 本文 173 ページ下から 3 行目以降を参照．

練習問題 12
1. 本文 181 ページ「12.2　準備計算」を参照．
2. 本文 181 ページ「12.3　一次設計時検討」を参照．
3. 本文 182 ページ「12.5.1　保有水平耐力計算の精算」を参照．
4. 本文 183 ページ「12.5.2　保有水平耐力計算の略算」を参照．
5.
  (1) 梁の降伏曲げモーメント ($_bM_y$) は例題 12.1 より
$$_bM_y = a_{st}\sigma_y \frac{7}{8}d = = 3 \times 387 \times 345 \times 560 = 224.3 \text{kNm}$$
  (2) 柱の降伏曲げモーメント ($_cM_y$) は，例題 12.1 より
$$_cM_y = 373.8 \times 10^6 + 700 \times (1-0.17) \times 10^6 = 954.8 \text{kNm}$$
  (3) 梁端と柱端の曲げ降伏モーメントの大小から，降伏ヒンジの位置と各部材の節点回転角の関係は下図となる．梁の節点回転角は剛域の分，θ より大きくなるが，ここでは無視している．

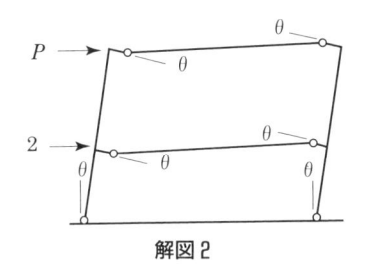

解図 2

$$2P\theta \times 3.15 + P\theta(3.15+3.5) = (2 \times 954.8 + 4 \times 224.3)\theta$$
$$P = 216.7 \text{kN}$$

  (4) 骨組みの保有耐力は

　　　2 階で，216.7 kN　　　1 階で，650.2 kN

ここでも，梁せん断力にともなう柱の軸力変動を無視している．

引用・参考文献

1章
1) 日本コンクリート工学協会「コンクリート工学」Vol. 37, No. 8, 1999
2) 鈴木計夫監修／関西PC研究会編『建築主・デザイナーに役立つ魅力あるコンクリート建物のデザイン』技報堂出版（2000）
3) プレストレストコンクリート技術協会「プレストレストコンクリート」Vol. 35, No. 6（1993）
4) 日本コンクリート工学協会「コンクリート工学」Vol. 37, No. 5 (1999)
5) 大橋雄二『日本建築構造基準変遷史』日本建築センター（1993）
6) 豊島光男『にっぽん建築技術異聞』日刊建設工業新聞社（1994）
7) 日本工学会編『明治工業史 4 建築編』工学会（1927）［原書房；1994年復刻版］

2章
1) セメント協会「C&Cエンサイクロペディア」46 骨材（1996）
2) 日本コンクリート工学協会「コンクリート技士研修テキスト H 14」
3) 和泉意登志他「経年建築物におけるコンクリートの中性化と鉄筋の腐食」日本建築学会構造系論文報告集，No. 406（1989）
4) 日本建築学会「建築工事標準仕様書 JASS 5 鉄筋コンクリート工事2003」

3章
1) 日本コンクリート工学協会「コンクリート工学」11月号（1991）
2) 日本コンクリート工学協会「連続繊維補強コンクリート研究委員会報告（II）」（1998）

4章
1) 日本コンクリート工学協会「コンクリート診断技術'03」（2003）

5章
1) 林他「変動軸力を受ける鉄筋コンクリート柱の曲げ変形性状に関する実験研究」日本建築学会論文報告集，第289号（1980）

6章

1）林靜雄，武居泰「鉄筋コンクリート部材のせん断力伝達機構に関する実験研究」日本建築学会構造系論文報告集，第425号
2）黒正他「高強度せん断補強筋を用いたRC柱に関する実験研究」日本建築学会大会学術講演梗概集（1987）
3）藤井栄，森田司郎「異形鉄筋の付着割裂強度に関する研究」日本建築学会論文報告集，第319号（1982）
4）日本建築学会『鉄筋コンクリート造建物の靭性保証型耐震設計指針1999』
5）日本建築学会『鉄筋コンクリート構造計算規準・同解説1999』
6）荒川卓「鉄筋コンクリート梁の許容せん断応力度とせん断補強について」コンクリートジャーナル，Vol.8，No.7（1970）
7）日本建築学会『高強度人工軽量骨材コンクリートを用いた建築物の設計と施工』（1992）
8）"鉄筋継手の全て"「建築技術2月号」（1992）

7章

1）林他「変動軸力を受ける鉄筋コンクリート柱の曲げ変形性状に関する実験研究」日本建築学会論文報告集，第289号（1980）
2）林靜雄，武居泰「鉄筋コンクリート部材のせん断力伝達機構に関する実験研究」日本建築学会構造系論文報告集，第425号
3）岡西他「高軸力を受ける鉄筋コンクリート柱の変形性能に関する実験研究」日本建築学会構造系論文報告集，第461号
4）日本建築学会『鉄筋コンクリート構造計算資料集』（2002）
5）日本建築学会『鉄筋コンクリート構造計算規準・同解説1999』

8章

1）黒正他「鉄筋コンクリート造柱・梁接合部に関する実験研究」日本建築学会大会学術講演梗概集，構造系（1974）
2）林靜雄，森本敏幸，黒正清治「柱梁接合部内に通し配筋された梁主筋の付着性状に関する実験と解析」日本建築学会構造系論文報告集，第357号
3）日本建築学会『鉄筋コンクリート構造計算規準・同解説1999』

4）日本建築学会「鉄筋コンクリート終局強度設計に関する資料，はり・柱接合部」日本建築学会（1987）

9章

1）大村他「耐震壁が偏在する鉄筋コンクリート造建物の耐震安全性に関する評価（その2 立体フレーム実験による検証）」日本建築学会構造系論文報告集，第534号
2）黒正他「繊維強化複合材料の建築構造への利用に関する研究」日本建築学会大会術講演梗概集，C（1987）
3）日本建築学会『鉄筋コンクリート構造計算規準・同解説 1999』
4）日本建築学会『建築耐震設計における保有耐力と変形性能』（1990）
5）日本建築学会『鉄筋コンクリート造建物の靭性保証型耐震設計指針・同解説』（1999）

10章

1）日本建築学会『鉄筋コンクリート構造計算資料集』（2002）
2）桑原文夫〈建築学入門シリーズ〉『地盤工学』森北出版（2002）

11章

1）日本建築学会『鉄筋コンクリート構造計算規準・同解説 1999』

12章

1）日本建築構造技術者協会『RC構造の設計』（2004）

各章共通

1）日本建築学会『鉄筋コンクリート構造計算規準・同解説 許容応力度設計法』（1999）
2）日本建築学会『鉄筋コンクリート終局強度設計に関する資料』（1987）
3）日本建築学会『鉄筋コンクリート造建物の靭性保証型耐震設計指針・同解説』（1999）
4）日本建築学会『鉄筋コンクリート構造計算資料集』（2002）
5）日本建築学会『建築工事標準仕様書 JASS 5 鉄筋コンクリート工事』（2003）
6）日本建築学会『鉄筋コンクリート造配筋指針・同解説』（2003）
7）日本建築学会『鉄筋コンクリート造建物の耐震性能評価指針（案）』（2004）

索 引

〈あ 行〉

I 形断面 …………………………144, 148
アスプディン ………………………………2
アーチ機構 …………………………………85
アーチ構造 …………………………………5
圧縮縁のコンクリート …………………112
圧縮強度 ……………………………………23
圧縮許容応力度 ……………………………68
圧縮鉄筋 ……………………………58, 112
あばら筋 ……………………………………59
アラミド繊維 ……………………………9, 42
アルカリ骨材反応 …………………………12
安全性能 ……………………………………47
安定液 ……………………………………166
安定性 ……………………………………18
異形鉄筋 ………………………………7, 41
異形棒鋼 ……………………………………40
一次設計 ……………………………………48
上端鉄筋 ……………………………………58
AE 減水剤 …………………………………19
　　　　――コンクリート ……………35
AE 剤 ………………………………………19
H 形鋼 ………………………………………9
エネルギー吸収能 ………………………121
L 形鋼 ………………………………………9
L 形接合部 …………………………128, 139
塩害 …………………………………12, 28
エンクローズ溶接継手 …………………102
遠心成形 …………………………………165
円柱供試体 …………………………………24
鉛直荷重 …………………………………47, 51
エントラップドエア ………………………22
応力中心間距離 ……………………………67
大梁 …………………………………51, 58
オートクレーブ養生 ……………………165
帯筋 …………………………………106, 125

折曲げ定着 …………………………135, 136
　　　　――強度 ……………………137

〈か 行〉

開口 ………………………………………151
　　　――低減係数 …………………151
　　　――補強 ………………………152
回収水 ……………………………………18
海水の作用を受けるコンクリート ……36
開端杭 ……………………………………164
回転 ………………………………………155
外力分布 …………………………………182
化学的安定性 ……………………………18
火災 ………………………………………47
重ね継手 …………………………………101
ガス圧接継手 ……………………………102
風荷重 ……………………………47, 181
仮想仕事法 ………………………………183
形鋼 ………………………………………9
カットオフ ……………………………98, 135
割裂引張試験 ……………………………24
下部構造 …………………………………166
壁 …………………………………………51
　　――構造 …………………………7
ガラス繊維 ………………………………42
簡易コンクリート ………………………36
含水率 ……………………………………17
乾燥収縮 …………………………12, 14, 28, 173
寒中コンクリート ……………………34, 36
機械式継手 ………………………………103
機械式定着 ………………………………136
木杭 ………………………………………164
既製杭 ……………………………………164
基礎 ………………………………………51
　　――構造 ………………………158
　　――スラブ ……………159, 160, 163
　　――スラブ底面積 ………………160

200 索引

――梁 …………………………158, 163
――フーチング ………………………158
凝結 ……………………………………23
　――時間 ……………………………18
　――促進剤 …………………………19
　――遅延剤 …………………………19
協力幅 …………………………………53
許容応力度 ……………………………68
　――設計 ……………………48, 87, 118
許容付着応力度 ………………………95
許容曲げモーメント ……………68, 112
杭 ……………………………………163
　――基礎 …………………………154, 158
空気量 …………………………………22
クリープ ……………………26, 59, 73, 173
　――限度 ……………………………26
　――破壊 ……………………………26
軽量コンクリート …………………35, 59
桁行き方向 ……………………………53
減水剤 …………………………………19
現場水中養生 ……………………23, 31
現場練りコンクリート ………………35
コアコンクリート ……………………106
高強度コンクリート ………………34, 36
高強度鉄筋 ……………………………41
高強度プレストレストコンクリート杭 164
鋼杭 …………………………………164
交差梁 ………………………………176
剛心 …………………………………155
高性能 AE 減水剤 ……………………19
剛性率 ………………………………182
構造計画 ……………………………180
構造計算 ……………………………180
構造設計 ……………………………180
降伏強度 ………………………………40
降伏時曲率 ……………………………61
降伏棚 …………………………………40
降伏点 …………………………………40
降伏曲げモーメント ………61, 67, 108
高流動コンクリート …………………36
高炉スラグ ……………………………19
　――粉末 ……………………………14
高炉セメント …………………………16
固定荷重 …………………………46, 181
骨材 ……………………………………12

小梁 ……………………………51, 174
コーナースプリット破壊 ……………92
コールドジョイント …………23, 29, 33
コンクリート
　――圧送技士 ………………………32
　――圧送施工技能士 ………………32
　――杭 ……………………………164
　――用化学混和剤 …………………19
混合セメント ……………………14, 16
コンシステンシー ……………………20
混和剤 ……………………………18, 19
混和材料 ………………………………18

〈さ　行〉

細骨材 …………………………………12
砕砂 ……………………………………17
再使用性能 ……………………………48
最小かぶり厚さ ………………………94
再生骨材 ………………………………17
砕石 ……………………………………17
最大曲げモーメント ………………108
サイドスプリット破壊 ………………92
材料分離 ………………………………20
先組み …………………………………31
座屈 …………………………………106
シアスパン比 ………………………143
支圧強度 ……………………………164
シェル構造 ……………………………7
試験 ……………………………………32
仕口幅 ………………………………137
軸方向剛性 ……………………………52
軸方向力 ……………………………107
軸力 …………………………………107
　――比 ……………………………120
自己収縮 ………………………………28
地震荷重 ………………………………48
地震力 ………………………………181
下端筋 …………………………………99
下端鉄筋 ………………………………58
始発 ……………………………………23
地盤反力 ……………………………160
遮蔽用コンクリート …………………36
ジャンカ ………………………………22
終局耐力 ………………………………48
終結 ……………………………………23

十字形接合部	125, 128
修復性能	47, 49
主筋	58
重心	155
重量コンクリート	35
樹脂塗装鉄筋	8
使用性能	47
使用性	3
常時荷重	46
上部構造	166
上面（底面）かぶり厚さ	94
初期凍害	34
初期の剛性	61
初期曲げ剛性	108
暑中コンクリート	33, 36
シリカフューム	19
シリカ粉末	14
人工軽量骨材	17
──コンクリート	35
人工骨材	17
靱性ランク	182
巣	22
水中コンクリート	36, 166
水平荷重	51, 53
水平投影長さ	132
水和反応	15
水密コンクリート	36
水密性	29
スケーリング	28
スターラップ	59
スパイラル筋	106
スラグ骨材	17
スラブ	51
──厚さ	174
スランプ	20
──フロー	20
スリップ	120
──破壊	145
スリーブ継手	103
正曲げモーメント	176
積載荷重	46, 172, 181
積算温度	34
積雪荷重	181
施工性能	12
設計基準強度	12, 23

設計用せん断力	87, 89, 161
設計用曲げモーメント	161, 176
接地圧	159, 160
節点振り分け法	183
セメント	14
──水比	30
線材	53
潜在水硬性	16
せん断許容応力度	87
せん断剛性	52, 146
せん断終局強度	83, 129
──式	148
せん断スパン比の効果	89
せん断破壊	81, 115
せん断ひび割れ	80
──強度	82, 115, 148
せん断変形	53, 146
せん断補強筋	41, 59, 80, 83
せん断力	80
──終局強度	117
──終局強度下限値	117
早強ポルトランドセメント	15
層せん断力	183
──係数	181
側面かぶり厚さ	94, 137
粗骨材	12
塑性ヒンジ	182

〈た　行〉

耐火性	4
耐久性	4, 49
耐久性能	12
耐震性	4
耐震壁	142
耐硫酸塩ポルトランドセメント	16
短期許容応力度	48
短期許容せん断応力度	89
短期許容せん断強度	88, 91
短期許容せん断力	131
短期設計用応力	181
短期設計用せん断力	118, 130
単筋梁	59
弾性たわみ	173
弾塑性増分解析	182
炭素繊維	9, 42

断面係数 …………………………………65
地耐力度 …………………………………160
千鳥配筋 …………………………………142
柱間帯 ……………………………………176
中子筋 ……………………………………106
柱列帯 ……………………………………176
中性化 ………………………………12, 27
中庸熱ポルトランドセメント …………15
中立軸 ……………………………………66
長期荷重 …………………………………52
長期許容応力度 …………………………47
長期許容せん断強度 ……………………89
長期許容曲げモーメント ………………68
長期設計用応力 ………………………181
長期せん断許容応力度 …………………87
長期たわみ ……………………………173
調合 ………………………………………29
　　――強度 ……………………………29
超早強ポルトランドセメント …………15
長方形スラブ …………………………175
直接基礎 ………………………………154, 158
直線定着 ……………………………135, 136
直交梁 …………………………………129
継手 ……………………………………101, 120
釣合い鉄筋比 …………………………59, 72
T形 ………………………………………53
　　――接合部 ………………………128
　　――断面 ……………………………76
定着 ……………………………7, 120, 124, 135
　　――水平投影長さ ………………132
低熱ポルトランドセメント ……………16
鉄筋 ………………………………………40
　　――コンクリート構造 ………2, 7
　　――腐食 ……………………………27
鉄骨鉄筋コンクリート構造 ……………10
テンションシフト ………………………98
天然骨材 …………………………………17
転炉法 ……………………………………3
投影定着長さ …………………………136
等価開口周比 …………………………151
等価断面係数 ……………………………65
等価断面積 ………………………………62
等価断面二次モーメント ………………62
等価長方形断面 ………………………148
凍結融解作用 ………………………12, 28

――を受けるコンクリート ……………36
通し配筋 ………………………………131, 133
ト形接合部 ……………………………125, 128
独立基礎 ………………………………159
独立フーチング基礎 …………………159
途中定着 ………………………………135
トラス機構 ………………………………85
トラックアジテータ ……………………32
トレミー管 ……………………………166

〈な 行〉

軟鋼 ………………………………………40
二次設計 …………………………………48
二段配筋 ………………………………94, 138
ねじ節鉄筋継手 ………………………103
ねじれ …………………………………155
熱膨張係数 ………………………………28
練混ぜ水 …………………………………18

〈は 行〉

パイルキャップ ………………………158
パーシャルプレストレス ………………9
場所打ち杭 ……………………………164
場所打ちコンクリート杭 ……………166
柱 ………………………………………51, 106
柱梁接合部 ……………………………124
柱梁接合部の有効幅 …………………127
梁上端鉄筋 ……………………………98
梁間方向 ………………………………53
パンチングシア ………………………162
PRC ……………………………………165
PHC杭 …………………………………164
PC鋼線 …………………………………9
PC鋼材 ………………………………41, 164
PC鋼棒 …………………………………9
比強度 ……………………………………3
非構造壁 ………………………………142
非常時荷重 ……………………………46
ひずみ硬化 ……………………………40
引張強度 ………………………………24
引張許容応力度 ………………………68
引張鉄筋 ……………………………58, 112
引張鉄筋比 ……………………………72
必要付着長さ ………………………98, 100
必要保有水平耐力 …………………182

索引　203

ひび割れ幅 …………………………49
標準水中養生 ………………………31
Bライトセメント …………………16
ピロティ …………………………156
Vノッチスプリット破壊 …………92
付加斜張力 ………………………152
複筋梁 ………………………………59
復元力特性 …………………120, 181
複配筋 ……………………………142
不静定構造物 ………………………52
付帯柱 ……………………………144
付帯梁 ……………………………142
付着 ………………92, 120, 124, 173
　　──割裂破壊 …………………59, 92
　　──割裂強度 ……………………93
　　──検定断面 ……………………98
　　──長さ …………………………99
　　──破壊 …………………………81
普通コンクリート …………………35
普通ポルトランドセメント ………15
フープ ……………………………106
負曲げモーメント ………………176
フライアッシュ ……………………19
　　──セメント ……………………17
　　──粉末 …………………………14
フラッシュ溶接継手 ……………102
ブリーディング ………………19, 22
プレキャスト複合コンクリート …36
プレストレストコンクリート …36, 165
　　──構造 …………………………9
プレストレスト鉄筋コンクリート …165
フレッシュコンクリート …12, 19, 36
プレーンコンクリート ……………36
平均付着応力度 …………………100
平均曲率 ……………………………60
変形性能 …………………115, 120
偏心距離 …………………………160
偏心率 ……………………160, 182
崩壊メカニズム …………………182
防せい剤 ……………………………19
膨張コンクリート …………………35
ポゾラン反応 ………………………17
保有水平耐力 ………………48, 182
保有耐力計算 ………………………48
ポルトランドセメント ……………14

〈ま　行〉

曲げ剛性 ………………………52, 62
曲げ材上端筋 ………………………96
曲げ破壊 ……………………………81
曲げひび割れモーメント …61, 65, 108
曲げ変形 ………………………53, 146
マスコンクリート …………………36
まだ固まらないコンクリート ……12
豆板 …………………………………22
丸鋼 …………………………………40
水セメント比 ………………………30
密度 …………………………………17
無筋コンクリート …………………35
面内せん断力 ……………………173
モーメント …………………………60
モルタル ……………………………12

〈や　行〉

ヤング係数 ……………………26, 41
　　──比 …………………………62, 73
有効せい …………………………127
有効幅 …………………………53, 77
床スラブ …………………………172
溶接継手 …………………………102
呼び強度 ……………………………29

〈ら　行〉

ラーメン構造 ………………………5
ランボー ……………………………2
流動化コンクリート ………………36
流動化剤 ……………………………19
粒度分布 ……………………………17
履歴面積 …………………………120
リング筋 …………………………106
レイタンス …………………………33
レディーミクストコンクリート …18, 31, 35
連行空気 ……………………………19
連層耐震壁 ………………………143
連続繊維補強コンクリート構造 …9
連続繊維補強材 ……………………42

〈わ　行〉

ワーカビリティ ………………12, 20
割増し係数 …………………………87

著者略歴

林　靜雄（はやし・しずお）

- 1971年　東京工業大学工学部建築学科卒業
- 1973年　東京工業大学大学院理工学研究科建築学専攻（修士課程）修了
- 1996年　東京工業大学建築物理研究センター教授
- 担当科目　建築防災材料
- 専　攻　鉄筋コンクリート構造
- 主要著書　『分かり易く図で学ぶ建築一般構造（第2版）』（共著）共立出版（2001）
  『阪神・淡路大震災調査報告　建築編-1　鉄筋コンクリート造建築物』（分担）日本建築学会（1998）
  『鉄筋コンクリート構造計算規準・同解説1999』（分担）日本建築学会（1999）

清水　昭之（しみず・あきゆき）

- 1966年　東京理科大学工学部建築学科卒業
- 1969年　東京理科大学大学院工学研究科建築学専攻（修士課程）修了
- 1972年　東京大学大学院工学研究科建築学専攻（博士課程）単位取得修了
- 2000年　東京理科大学工学部第二部建築学科助教授　工学博士（東京大学）
- 2003年　東京工業大学建築物理研究センター客員助教授（2003.4～9）
- 2008年　東京理科大学教授
- 担当科目　建築材料・施工
- 専　攻　コンクリート材料工学
- 主要著書　「建築工事標準仕様書・同解説 JASS 5 鉄筋コンクリート工事-2003」（分担）日本建築学会
  「建築工事標準仕様書・同解説 JASS 10 プレキャスト鉄筋コンクリート工事-2003」（分担）日本建築学会
  「コンクリートのひび割れ調査，補修・補強指針-2003」（分担）日本コンクリート工学協会
  「連続繊維補強コンクリート系構造設計施工指針案-2002」（分担）日本建築学会

建築学入門シリーズ
鉄筋コンクリート構造　　　　　　　© 林靜雄・清水昭之　2004

2004年9月30日　第1版第1刷発行　【本書の無断転載を禁ず】
2021年9月28日　第1版第5刷発行

著　者　林　靜雄・清水昭之
発行者　森北博巳
発行所　森北出版株式会社
　　　　東京都千代田区富士見 1-4-11（〒102-0071）
　　　　電話 03-3265-8341／FAX 03-3264-8709
　　　　https://www.morikita.co.jp/
　　　　日本書籍出版協会・自然科学書協会　会員
　　　　JCOPY ＜（一社）出版者著作権管理機構　委託出版物＞

落丁・乱丁本はお取り替え致します　　　印刷／太洋社・製本／協栄製本

Printed in Japan／ISBN978-4-627-50531-5